当代世界学术名著·经济学系列

不平等的真相
全球化与反全球化

GLOBALIZATION AND INEQUALITY

（埃尔赫南·赫尔普曼
Elhanan Helpman）著

李增刚　董丽娃　译

李增刚　校

中国人民大学出版社
·北京·

当代世界学术名著·经济学系列

主　编

何　帆　杨瑞龙　周业安

编委会

陈利平　陈彦斌　陈　钊　董志强　何　帆　贺京同　贾毓玲
柯荣柱　寇宗来　李辉文　李军林　刘守英　陆　铭　王永钦
王忠玉　谢富胜　杨其静　叶　航　张晓晶　郑江淮　周业安

"当代世界学术名著"
出版说明

中华民族历来有海纳百川的宽阔胸怀，她在创造灿烂文明的同时，不断吸纳整个人类文明的精华，滋养、壮大和发展自己。当前，全球化使得人类文明之间的相互交流和影响进一步加强，互动效应更为明显。以世界眼光和开放的视野，引介世界各国的优秀哲学社会科学的前沿成果，服务于我国的社会主义现代化建设，服务于我国的科教兴国战略，是新中国出版的优良传统，也是中国当代出版工作者的重要使命。

我社历来注重对国外哲学社会科学成果的译介工作，所出版的"经济科学译丛""工商管理经典译丛"等系列译丛受到社会广泛欢迎。这些译丛多侧重于西方经典性教材，本套丛书则旨在迻译国外当代学术名著。所谓"当代"，我们一般指近几十年发表的著作；所谓"名著"，是指这些著作在该领域产生巨大影响并被各类文献反复引用，成为研究者的必读著作。这套丛书拟按学科划分为若干个子系列，经过不断的筛选和积累，将成为当代的"汉译世界学术名著丛书"，成为读书人的精神殿堂。

由于所选著作距今时日较短，未经历史的充分洗练，加之判断标准的见仁见智，以及我们选择眼光的局限，这项工作肯定难以尽如人意。我们期待着海内外学界积极参与，并对我们的工作提出宝贵的意见和建议。我们深信，经过学界同仁和出版者的共同努力，这套丛书必将日臻完善。

中国人民大学出版社

策划人语

经济学到了 20 世纪才真正进入一个群星璀璨的时代。在 20 世纪，经济学第一次有了一个相对完整的体系。这个体系包含了微观经济学和宏观经济学这两个主要的领域。经济学家们在这两个主要的领域不断地深耕密植，使得经济学的分析方法日益精细完美。经济学家们还在微观和宏观这两个主干之上发展出了许多经济学的分支，比如国际经济学、公共财政、劳动经济学等等。体系的确立奠定了经济学的范式，细致的分工带来了专业化的收益。这正是经济学能够加速迅猛发展的原因。

走进经济学的神殿，人们不禁生出高山仰止的感慨。年轻的学子顿时会感到，在这个美轮美奂的殿堂里做一名工匠，付出自己一生的辛勤努力，哪怕只是为了完成窗棂上的雕花都是值得的。

然而，新时期已经到来。经济学工匠向窗外望去，发现在更高的山冈上，已经矗立起一座更加富丽堂皇的神殿的脚手架。我们的选择在于：是继续在旧有的经济学殿堂里雕梁画栋，还是到革新的经济学的工地上添砖加瓦。

斯蒂格利茨教授，这位诺贝尔经济学奖得主曾经发表过一篇文章，题为《经济学的又一个世纪》。在这篇文章中他谈到，20世纪的经济学患了"精神分裂症"，即微观经济学和宏观经济学的脱节，这种脱节既表现为研究方法上的难以沟通，又反映出二者在意识形态上的分歧和对立。21世纪是经济学分久必合的时代。一方面，宏观经济学正在寻找微观基础；另一方面，微观经济学也正在试图从微观个体的行为推演出总量上的含义。这背后的意识形态的风气转变也值得我们注意。斯蒂格利茨教授曾经讲到，以下两种主张都无法正确估计市场经济的长期活力：一种是凯恩斯式的认为资本主义正在没落的悲观思想；另一种是里根经济学的社会达尔文主义，表达了对资本主义的盲目乐观。我们已经接近一种处于两者之间的哲学，它将为我们的时代指引方向。

当代经济学从纸上谈兵转变为研究真实世界中的现象。炉火纯青的分析方法和对现实世界的敏锐感觉将成为经济学研究的核心所在。

"当代世界学术名著·经济学系列"所翻译的这些著作在学术的演进过程中起到的更多是传承的作用，它们是当代经济学的开路先锋。这些著作的作者大多有一个共同的特征。他们不仅是当代最优秀的经济学家，而且是最好的导师。他们善于传授知识，善于开拓新的前沿，更善于指引遥远的旷野中的方向。如果不惮"以偏概全"的指责，我们可以大致举出新时代经济学的若干演进方向：博弈论将几乎全面地改写经济学；宏观经济学将日益动态化；政治经济分析尝试用经济学的逻辑对复杂的政策决策过程有一个清晰的把握；经济学的各个分支将"枝枝相覆盖，叶叶相交通"；平等、道德等伦理学的讨论也将重新进入经济学。

介绍这些著作并不仅仅是为了追踪国外经济学的前沿。追赶者易于蜕变成追随者，盲目的追随易于失去自己的方向。经济学是济世之学，它必将回归于现实。重大现实问题的研究更有可能做出突破性的创新，坚持终极关怀的学者更有可能成长为一代宗师。中国正在全方位地融入世界经济，中国的国内经济发展也到了关键的阶段。我们推出这套丛书，并不是出于赶超的豪言或是追星的时髦。我们的立足点是，经济学的发展正处于一个新的阶段，这个阶段的思想最为活跃，最为开放。这恰恰契合了中国的当前境况。我们借鉴的不仅仅是别人已经成型的理论，我们想要从中体会的正是这种思想的活跃和开放。

这套丛书的出版是一项长期的工作，中国社会科学院、中国人民大学、北京大学、南京大学、南开大学、复旦大学、中山大学以及留学海外的许多专家、学者参与了这套译丛的推荐、翻译工作，这套译丛的选题是开放式的，我们真诚地欢迎经济学界的专家、学者在关注这套丛书的同时，能给予它更多的支持，把优秀的经济学学术著作推荐给我们。

前　言

如今，对全球化的反对已经四处蔓延，对日益严重的不平等的担心也尤为突出。另外，尽管对全球化的反对有一部分是基于文化自治、童工或国内主权之类的社会和政治问题，但是很大一部分是基于全球化导致了收入不平等这种观点。本书的目的是讨论后面这种观点。基于大量的文献，我回顾了对外贸易和离岸业务影响收入不平等的机制及其定量证据。全球化的其他方面，比如国际资本流动或移民等，只是顺带提及。

我希望不论你是不是该领域的专家，都会对这本书感兴趣。尽管关于该主题的绝大多数文献都是专业性的，但是为了让那些没有受过经济学训练的读者也能够看懂，我尽力采用简洁平实的语言来解释这些观点。在风格上，本书与我之前的两部著作——《经济增长的秘密》和《理解全球贸易》类似。

我酝酿了好几年才决定写作这本书。在研究这个主题时，我对一些观点的错综复杂着迷，对全球化导致不平等的经验研究所提出的大量挑战着迷。另外，尽管在过去的四分之一个世纪中，对这个主题的研究已经取得了巨大进步，但是我知道大部分讨论并未使用有效证据，并且对贸易和不平等之间的关系也缺乏经济学专业上的满意解释。针对不同听众的一系列讲座加强了我的信念。这些讲座包括：弗里希纪念讲座（the Frisch Memorial Lecture）（世界计量学会，中国上海，2010），RIETI国际研讨会杰出学者讲座（the RIETI International Seminar Distinguished Lecture）（日本东京，2011），在一个关于全球化和劳动力市场研讨会上的主题报告（瑞士日内瓦，2011），《经济学杂志》讲座（the EJ Lecture）（皇家经济学会的年度研讨会，英国剑桥，2012），在法兰西银行关于全球化和劳动力市场结果研讨会上的主题报告（法国巴黎，2013），梅里克讲座（the Merrick Lecture）（弗吉尼亚大学，夏洛茨维尔，美国弗吉尼亚州，2013），罗伯特·布兰德伯里国际经济学杰出学者讲座（the Robert Bradbury Distinguished Lecture on International Economics）（佛罗里达大学，盖恩斯维尔，美国佛罗里达州，2013），库兹涅茨讲座（the Kuznets Lecture）（耶鲁大学，纽黑文，美国康涅狄格州，2014），在国际经济与金融学会中国分会年度研讨会上的主题报告（中国北京，2014），在华沙国际经济会议上的主题报告（波兰华沙，2014），在第七届国际经济学FIW-研究研讨会上的主题报告（奥地利维也纳，2014），让-雅克·拉丰讲座（the Jean-Jacques Laffont Lecture）（图卢兹经济学院，法国图卢兹，2015），以及RCEF2016年度讲座（RCEF 2016 Lecture）（里米尼经济学和金融学研讨会，滑

前 言

铁卢,加拿大安大略省,2016)。

当英国国家学术院(British Academy)邀请我参加凯恩斯经济学讲座(Keynes Lecture)时,我决定利用这个机会尝试写一本关于全球化和不平等的著作。那个讲座名为"全球化和工资不平等",于2016年9月28日举行,一些演讲被收录进《英国国家学术院学报》(*Journal of the British Academy*)(Volume 5 [July 19,2017]:125-162)。那个主题促成了本书的写作。接下来,我在哈佛大学的半年假期为这个计划提供了便利。在休假期间,我访问了特拉维夫大学的巴格拉斯经济学院、庞培法布拉大学的CREI、伦敦经济学院经济系和博科尼大学经济系。在这些地方,我写了部分初稿。我特别感谢这些大学的东道主为我提供了非常优越的条件。

对于理解世界经济日益提高的一体化及其对不平等的影响,许多人为我提供了帮助。首先也是最重要的是我的合作者:吉恩·格罗斯曼(Gene Grossman)、奥列格·伊茨霍基(Oleg Itskhoki)、马克·蒙德勒(Marc Muendler)、菲利普·基齐(Philipp Kircher)和斯蒂芬·雷丁(Stephen Redding)。其次是非常热心地为本书初稿提供建议的学者:达龙·阿西莫格鲁(Daron Acemoglu)、唐纳德·戴维斯(Donald Davis)、吉诺·甘恰(Gino Gancia)、吉恩·格罗斯曼(Gene Grossman)、戈登·汉森(Gordon Hanson)、布赖恩·科沃克(Brian Kovak)、李恩熙(Eunhee Lee)、马克·梅里兹(Marc Melitz)、托尔斯腾·佩尔松(Torsten Persson)、阿萨夫·拉赞(Assaf Razin)、斯蒂芬·雷丁(Stephen Redding)、埃莉莎·鲁博(Elisa Rubbo)和埃夫拉伊姆·萨德卡(Efraim Sadka)。我对他们表示感谢。再次是我在加拿大高等研究院的同事,他们对我的成果的反馈意见尤其重要。最后是我的助手简·特拉汉（Jane Trahan），她尽其所能改进本书初稿的语言，就跟她对我之前两本书所做的改进一样。二十多年来简一直帮助我，我对其提供的所有服务表示最诚挚的感谢！

目 录

引言 ·· 001
第1章 历史背景 ·· 008

第一部分 传统方法

第2章 大学生工资溢价的上升 ·· 021
第3章 早期的研究 ·· 029
第4章 贸易还是技术 ·· 037
第5章 离岸 ·· 052

第二部分 拓展情形

第6章 匹配工人和工作 ·· 067
第7章 地区差异 ··· 091

第 8 章	企业特征	116
第 9 章	技术选择	134
第 10 章	不平等的余值	148
结论		161
参考文献		175

引 言

在世界经济的演进中,国际商业活动历史悠久,至少可以追溯到 3 000 多年前的圣经时代(biblical times),后来又经过了罗马帝国时代、黑暗时代、中世纪和后工业革命时代(见 McCormick,2001；Findlay and O'Rourke,2007；以及 Helpman,2011,第 1 章)。尽管历史悠久,但世界进出口总额占世界总产值的比例一直到 19 世纪初期都很小。正如我在第 1 章中将解释的,世界进出口总额占世界总产值的比例在 1820 年左右为 2%；一直到第一次世界大战之前,这一比例都在不断提高。这是有记载以来的第一波全球化浪潮。第二波全球化浪潮始于第二次世界大战之后,并且到现在还没有减退的迹象。

全球化的驱动力量不断变化。根据鲍德温(Baldwin,2016),全球化的第一个阶段被称为"第一次解放",航运成本的降低推动了该进程。全球化的第二个阶段被鲍德温称为"第二次解放"。在这一阶段在不同地区从事不同生产过程的成本降低,这推动了跨国界进行不同阶段的生产过程。结果,全球供应链出现了。全球化的第三个阶段,或者"第三次解放"的特征是,世界不同地区个人之间面对面交易的成本大幅度下降。尽管全球化第一个和第二个阶段的特征都是商品贸易的迅速扩张,但是第二个阶段还具有服务——特别是商业服务——贸易迅速扩张的特征。

无论是在发达国家还是发展中国家,全球化都因为日益加剧的不平等而备受诟病,反全球化示威已经成为世界银行、国际货币基金组织、七国集团或二十国集团等举行国际会议时的普遍现象。最近几十年,对于全球化优点和缺点的争论不断升温。然而,许多争论的参与者的观点并不是基于事实证据的。甚至许多人援引表达经济观点的漫画来支持自由贸易。

实际上,许多专业经济学家,比如巴格瓦蒂(Bhagwati, 1988, 2002),在设计国际贸易制度时,确实将从贸易中得到的总收益作为核心信条,其目标是让所有人受益。但与此同时,经济学家们也明白,总收益不可能在世界上所有的公民之间平均分配(见 Helpman, 2011,第 3 章)。为了形成权威观点,学者们已经研究了全球化的成本和收益以及促进或抑制全球化的政策。这类研究需要深厚的经济知识,包括理论方法和实证方法。没有这些研究,的确不可能形成这些问题的可靠观点。然而,一旦这些研究的发现得到理解,就可能得出想要的政策和结果的可靠结论。当然,不可能每项研究都得出相同的结论,这主要是因为不同的研究者对不同成本和收益赋予的权重存在差别。

关于这个问题,为了形成基于事实证据的观点,本书考察了关于全球化与收入不平等关系的理论文献和实证文献。尽管我也涉及了对外直接投资和国际移民，但是本书的重点放在国际贸易上。

1870年，外国资本占发展中国家国内生产总值（GDP）比例不到10%。到1914年第一次世界大战爆发前夕，该比例攀升到32.4%。之后，外国资本存量直线下降，到1950年的时候，触底到不足5%（见Chandy and Siedel，2016，图1）。第二次世界大战之后，作为第二波全球化浪潮的一部分，国际资本流动大幅提高。在布雷顿森林体系实施之后，大多数国家采用固定汇率制度，并且对国际资本流动进行控制。但是，固定汇率制度在1971年崩溃，此后对国际资本流动的限制也逐渐取消了，最初是在发达国家，然后是在发展中国家。结果，跨国持有的金融和非金融资产规模迅速扩大，在2008年金融危机反弹之后，其占GDP的百分比达到了30%。资本账户自由化改革如何导致了不平等呢？已有的研究指出了二者之间的相关性，但是没有关于二者因果关系的充分证据。贾默特、拉尔和帕帕久谷（Jaumotte，Lall，and Papageorgiou，2008）以及富尔切里和隆嘉尼（Furceri and Loungani，2015）都表明，跨国间资本账户自由化与表示收入分配的基尼系数的上升之间呈正相关关系（也就是，跨国间资本账户自由化扩大了收入不平等）。然而，造成这种相关关系的机制仍然没有解释清楚。

许多年来，国际移民也表现出国际形势的特征。根据费里和哈顿（Ferrie and Hatton，2015，图2.1），在19世纪中期，从欧洲移民到其他大洲的人口每年达20万人，并且在19世纪后期开始明显增加，到20世纪初期达到峰值——超过140万人。到20世纪30年代后期，移民的数量下降到不足20万人，但是在20世纪60年代又开始上升。1965年，在其他国家出生的居民数量达到世界人口的2.3%（为7 520万人），在2010年达到3.1%（为2.139亿人）（见Ferrie and Hatton，2015，表2.2）。

尽管有这些波动，但是许多研究发现，移民对工资的影响非常有限。卡德（Card）在2009年对美国经济学会做的理查德·T.伊利讲座上，采用美国城市数据估算了移民对工资的影响。通过研究这些数据，他得出结论：全部移民对美国本土出生居民的工资不平等几乎没有什么影响。进一步考虑到移入者的工资，卡德发现，"移民只能够解释1980—2000年间全部工资不平等上升的5%"（第3页），这实际上只是非常小的一部分。布劳和卡恩（Blau and Kahn，2015）综述了多个国家的大量研究，得出了相同的结论。相同的结论在佩里（Peri，2016）的文献综述中也得到了体现。总之，尽管我没有详细考察移民对不平等的影响，但是在专家间好像已经达成了广泛共识，即该影响非常小。

本书其余章节将介绍经济学家为探索收入不平等与以对外贸易和离岸外包为表现形式的全球化之间关系所付出的不懈努力。该努力跨越四分之一个世纪之久，主要建立在许多研究对外贸易和劳动经济学的最杰出学者的洞见之上。在简要回顾了国内和全球范围内不平等演变的历史之后，我将描述这个主题的专业思想是如何发展的。其进展一直令人着迷。

第一部分将描述最初运用传统国际贸易理论解释20世纪80年代不平等不断提高的尝试。这些尝试得出的结论认为，国际贸易和离岸外包对高技能个体和低技能工人之间不断拉大的收入差距几乎没有影响。但是，为这一目的所运用的理论被证明是不充分的，因为它与大量的证据并不相符。作为回应,又提出了关于这个问题的新的理论框架。新的模型提出了传统理论所没有的影响机制,对解释新的现实更加贴切,并且能够采用后来可以得到的更加丰富的数据库和新的经验检验方法进行研究。这一拓展情形将在第二部分阐述。

在本书的这两个部分,理论分析和经验分析的相互作用占主导地位。许多理论发展是对经验事实的回应,而许多经验事实是在新的理论洞见下得以发现的。就像经济学中常见的那样,每个理论模型都是针对国际贸易和收入结构之间的特定关联设计的,这意味着其他的关联关系将被忽略[见罗德里克(Rodrik,2016)对这种方法的详细讨论]。这种方法的优点是,它非常清楚地阐明了被模型化的关联造成不平等的方式,它可以让研究者知悉应被用于检验和量化这种关系的适当数据和经验分析。得到数据并估计这种关联的重要性是可能的。本书中讨论的大部分内容将遵循该路径。一个例子就是科沃克(Kovak)的研究(见第7章),他将巴西境内由关税改革导致的产品价格变化与地区工资变化和工资差距联系了起来。

然而,这种研究策略也有一些缺点。孤立地研究每种影响通道,就无法弄清楚各种竞争性或补充性机制之间的关系。这是不幸的,因为这种关系可能是重要的。比如,考虑贸易或技术对造成不平等的作用的讨论(见第4章)。在那一章中,贸易和技术是作为相互竞争的影响进行研究的。但是,在有些研究中,没有考虑技术对贸易的可能影响,也没有考虑贸易对技术的影响。在其他研究中(见第9章),贸易和离岸外包导致了研发投资,进而影响了技术变迁的性质。在这个世界上,贸易既会对工资产生直接影响,也会通过技术变迁产生间接影响。如果这是事实，那么将贸易或离岸外包对不平等的影响从其对技术变迁的影响中分离出来进行估计，可能会使估计值偏大或偏小。总之，指导经验研究的理论以重要的方式影响估计结果，人们在解释经验事实的时候需要知道这一点。

有时，学者们在研究数据库的时候，脑海中并没有明确的理论。这类研究在数据中寻找理论模式，并且在有新数据库可用时特别有效。典型的事实（即可观察到理论模式的简单表述）会从这些研究中显现。然后，所持理论模型的预测被检验，看看它们与典型的事实是否一致。如果它们不一致，就要尽力修正模型，以使其与典型事实一致。然而，这种一致性仅仅是在定性上一致，并不能够确保采用这些数据检验新的理论模型时会产生满意的结果。如果结果良好，那么就可以建立起对理论模型的信心；如果结果不好，就必须寻找其他模型化理论的方法改进结果。在第 10 章关于不平等的残值中将会阐明这种方法。

结构经验模型通常会体现将全球化与不平等关联起来的几个通道，提供了对相关联系进行直接检验的替代性方法。这些模型可用于反事实分析，其采用简单形式估计特定关联通常是不可能的。比如，人们能够采用它们回答以下问题：如果国家之间不进行贸易，那么其收入结构将会如何？在一个足够充分的结构模型中，对这个问题的回答会体现出全球化影响不平等的若干通道之间的互动关系（详细阐述见第 6 章）。这类模型的缺点是，它们的数量化高度依赖特定模块和采用其他数据库估计出来的参数值。

正如读者所看到的，研究全球化对不平等的影响有许多种方式。在接下来的章节中，我将讨论运用不同方法进行的研究，并且解释这些方法在不同检验中的运用。后者包括像北美自由贸易协定（NAFTA）和南方共同市场（MERCOSUR）等自由贸易协定的贸易自由化，或者通过像中国或墨西哥等国的单边政策所进行的贸易扩张。尽管我没有回顾关于全球化和不平等关系的浩繁文献中的每一项研究，但是，我相信我的选择提供了一种平衡观点。这些研究——其涵盖了多个国家的数据库和大量的研究设计——中占绝对优势的结论是，在许多（并非全部）情况下全球化加速了收入的分化，尽管不像实际上不平等的上升那么大。换句话说，令人吃惊的结果是，最近数十年不断提高的不平等主要是由全球化之外的其他力量推动的。

然而，将其视为试探性结论需要谨慎。正如本书读者将会意识到的，全球化与不平等之间的关系非常复杂，难以衡量。尽管研究已经大大进步，但是未知领域仍然存在。总结相关发现所得出的结论也讨论了许多尚未解决的相关问题。

许多读者将会发现这些结论并不令人满意，因为他们可能会偏向负面回应。对此，我会说，这些是能够得到的最好答案，循着自己认为正确的方式得出结论的探索令人着迷。通过阅读这本书，人们将会加深对全球化和不平等之间关系机制的理解，会更好地评价定量影响的证据。它将会有助于读者就我们时代最为关心的一个重大问题形成受过良好教育的观点。

第1章　历史背景

收入不平等受多种因素影响。在进行国际贸易的国家，这些因素既包括诸如劳动力状况、劳动力市场的制度和政府政策等内部特征，也包括每个国家贸易伙伴的特征。进行贸易的国家之间的不平等程度是相互依赖的：一国的特征不仅会影响本国居民的收入，而且会影响贸易伙伴国家居民的收入。这种影响通过多种渠道传递。因此，要理解全球化如何形成了收入不平等，我们需要理解其对个人收入造成影响的方式。

历史上，收入水平与全球化齐头并进。麦迪逊（Maddison，2001）指出，19世纪初期以前，人均收入一直上升得非常缓慢。1820年左右，其增长速度加快，并一直持续到第一次世界大战。在第一次世界大战和第二次世界大战之间，其增长速度下降，尽管按照历史标准仍然较高。第二次世界大战之后，世界经济经历了一个快速增长的黄金期，1950—1973年间，人均收入年均增长率接近

第1章 历史背景

3%。1973年石油危机之后,其增长速度又降了下来;尽管相对于历史标准仍然很高(见Helpman,2004,图1.5)。

以贸易扩张表示的全球化在19世纪初期迅速攀升。如图1.1所示,用进出口总额衡量的世界贸易量在1820年约占世界GDP的2%;而到1998年,就达到了近35%。① 其间,世界贸易量上下波动,先是在19世纪初期到第一次世界大战之间逐渐上升,然后是在两次世界大战之间有所下降。第二次世界大战之后,贸易占GDP的比例持续上升。图1.1清晰地表明了两波全球化浪潮:第一波是在第一次世界大战之前,第二波是在第二次世界大战之后。图1.2表明,近年来世界贸易占GDP的比重持续上升,在2008年金融危机之前已经超过60%。② 金融危机使得国际贸易出现了短暂的大幅下降。

世界上居民之间的收入不平等在1820年到20世纪50年代之间不断上升,之后保持稳定,并一直持续到2000年,其间虽然也有一些波动。③ 在图1.3中柱状图的高度清晰地表明了这一点,每条柱状图都表示衡量特定年份不平等程度的泰尔系数(Theil coefficient)。④

---

① 感谢阿兰·泰勒(Alan Taylor)提供了图1.1的最新数据。
② 图1.2使用了世界银行的数据,与图1.1使用的麦迪逊(Maddison, 1995, 2001)的数据存在几个方面的差别:世界银行的数据更综合,得出的贸易-收入比率值更大。
③ 布吉尼翁和莫里森(Bourguignon and Morrisson, 2002)提供了全球不平等的第一个分析,并且他们的计算已经被莫里森和米尔坦(Morrisson and Murtin, 2011)更新。我的分析使用了范赞登、巴滕、福尔德瓦里和范莱文(van Zanden, Baten, Foldvari, and van Leeuwen, 2014)文献中的数据,他们的这篇文献基于布吉尼翁和莫里森最初的研究,但是对其作了实质性发展。更详细的细节见Milannovic(2016)。
④ 这些数据包含以人口为权重的某个类型人口收入份额及其所占人口份额比值自然对数的加权值。泰尔指数(Theil index)在这个文献中仅是衡量不平等的一个指数。另一个指数是基尼系数。这两个指数恰好高度相关。另一个衡量不平等的方法是分位数比率,比如第90分位数收入与第10分位数收入分配的比率。

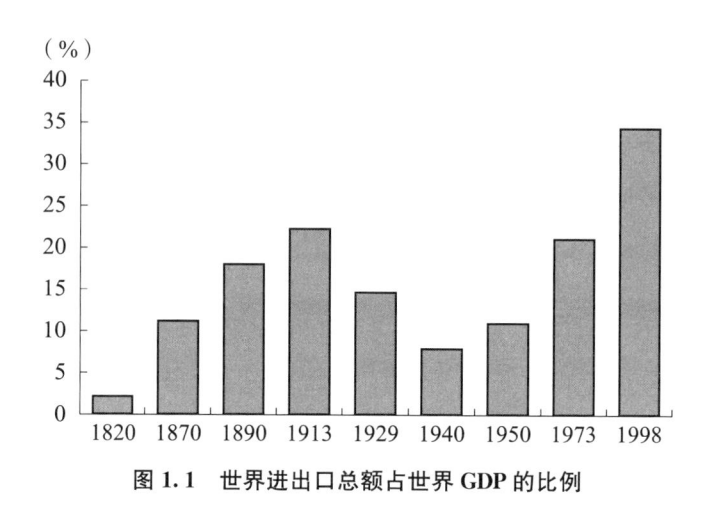

图 1.1　世界进出口总额占世界 GDP 的比例

资料来源：根据 Estevadeordal，Frantz，and Taylor（2003）更新。

图 1.3 还将这一衡量不平等程度的指标分解成国内不平等（深灰色柱状图）和国家间不平等（浅灰色柱状图）。在后一种情况中，系数的计算假定在每个国家内部所有个人收入都相等，都等于国家的人均收入。正如图 1.3 所表示的，国内的不平等程度几乎不随时间变化，在 1820—1850 年间总体不平等程度的提高主要是由国家间不平等程度的提高造成的。换句话说，富国和穷国之间的人均收入差距越来越大，是因为富国变富的步伐远快于穷国，并因此造成了全球不平等程度的不断提高。表明这一现象的另一种方式是，观察到国家之间的不平等程度占总体不平等程度的比重从 1820 年的 38％ 上升到了 1950 年的 72％，并且从那之后，这一比重几乎没有变化。

尽管国内不平等造成的全球不平等在 20 世纪中叶到 2000 年之间保持恒定，但是这种恒定掩盖了不同国家之间不平等趋势的实际差别。特别有趣的是这样一个事实，即在绝大多数的经济合作与发展组织（简称经合组织，OECD）国家，这段时期的不平等程度显著

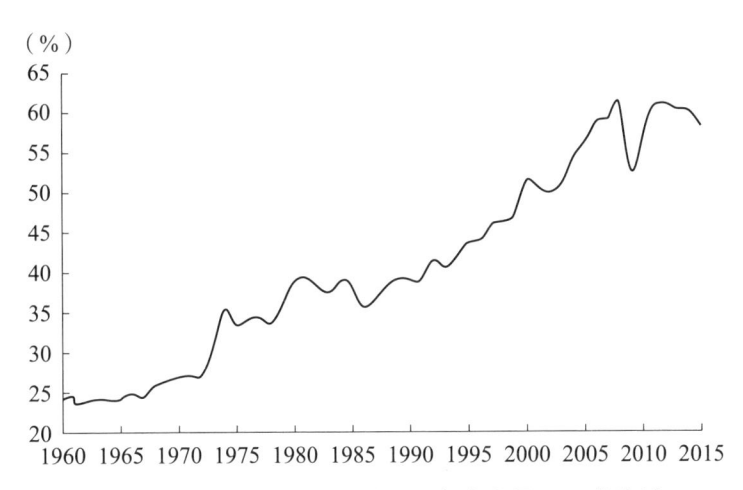

图 1.2　世界货物和服务进出口总额占世界 GDP 的比例

资料来源：世界银行网站，https：//data.worldbank.org/indicator/TG.VAL.TOTL.GD.ZS，2017 年 10 月 16 日。

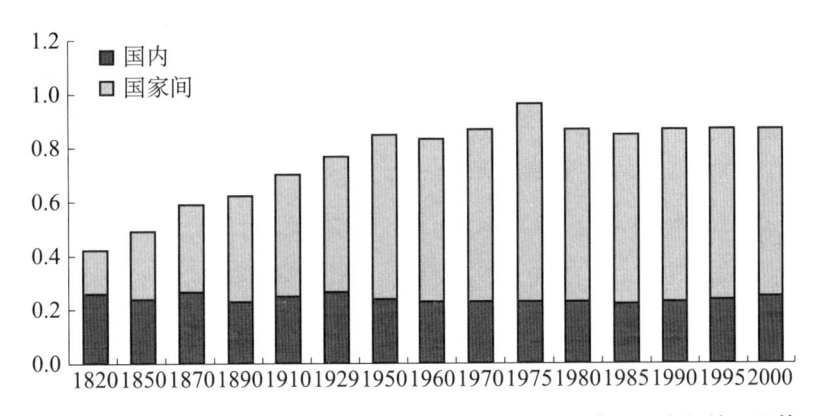

图 1.3　衡量世界个人收入分配的泰尔系数：分解为国内和国家间的不平等

资料来源：van Zanden, Luiten, Baten, Foldvari, and van Leeuwen (2014)，以 2005 年为基年。

提高。在美国，这种趋势尤为突出。图 1.4 给出了美国收入分配的基尼系数。该指标显示其收入不平等程度在 1939—1950 年间有所下降,但是之后持续上升,最初是缓慢上升,20 世纪 70 年代之后则是快速上升。① 在 20 世纪 80 年代中期到 2013 年间,希腊和土耳其的收入不平等略有下降;比利时、荷兰和法国的变化非常小;其他 OECD 国家的收入不平等则大幅上升,特别是芬兰、瑞典、新西兰、美国和墨西哥(见 OECD,2015,图 1.3)。

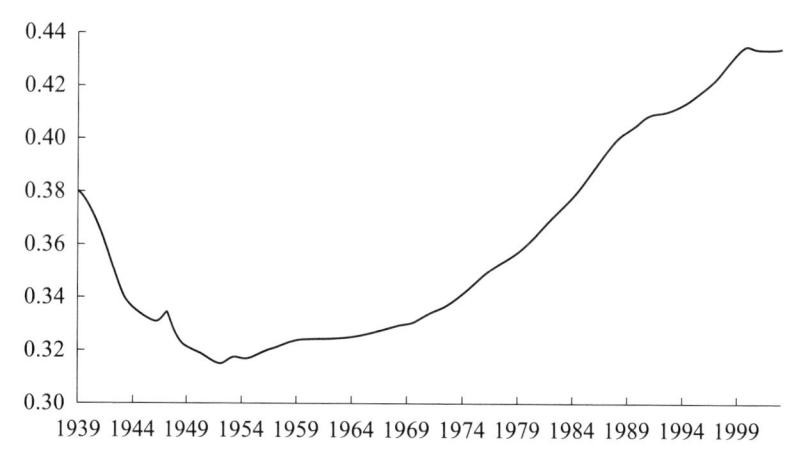

图 1.4　美国收入分配的基尼系数

资料来源:http://www.columbia.edu/~wk2110/uncovering/Figure3-GinicoefficientAnnualEarningsvs5-YearEarnings.csv,2014 年 3 月 17 日。

图 1.5 给出了六个 OECD 国家——美国、加拿大、荷兰、芬兰、瑞典和丹麦——1989—2007 年间基尼系数的变化。尽管 1989 年美国是这些国家中不平等程度最高的,荷兰是不平等程度最低的,但是每个国家的不平等程度都有所提高。很明显,不平等程度的不断提高成为普遍现象。

---

① 20 世纪美国收入不平等的 U 形变化也适用于收入和不平等的其他衡量方法,比如最高的 10%或 1%的收入占比(Atkinson, Piketty, and Saez, 2011),或者帕累托-洛伦茨系数的倒数 (the inverse Pareto-Lorenz coefficient)(在世界财富和收入数据库中有报告,http://www.wid.world,2015 年 12 月 7 日。)

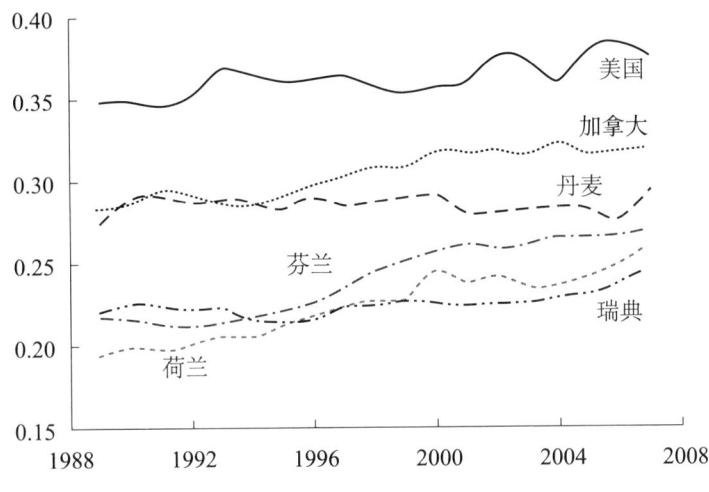

图 1.5 六个 OECD 国家市场收入基尼系数的变化，1989—2007 年

资料来源：OECD 收入分配和贫困数据库，http://dx.doi.org/10.1787/888932535204，2016 年 12 月 13 日。

尽管富国和穷国的增长快慢有别是 19 世纪早期至 20 世纪中期全球个人收入不平等的主要原因，但是近些年欠发达国家的快速增长已经极大地降低了发展中国家极度贫困人口的比例。图 1.6 显示了 1981—2008 年间这一比例的下降。1981 年，发展中国家有一半以上的人口生活极度贫困，即每天的收入按 2005 年的购买力平价调整后不足 1.25 美元。这一比例在 2008 年下降到了 1/4 以下。换句话说，1980 年有近 20 亿人生活极度贫困，但是 2008 年只有不到 13 亿人生活极度贫困。非常明显，极度贫困人口在这段时间迅速下降，很可能是得益于全球化。① 要理解贸易如何影响国家间的不平等，

---

① 莫里森和米尔坦（Morrisson and Murtin, 2011）报告了 1700—2008 年间对极端贫困的测量。根据他们的估计值（见 Morrisson and Murtin, 2011, 表 3），极端贫困率在 18—19 世纪有所下降。

我们需要理解相对于富国的增长而言，贸易如何影响穷国的增长。不幸的是，关于这个主题的研究几乎没有。

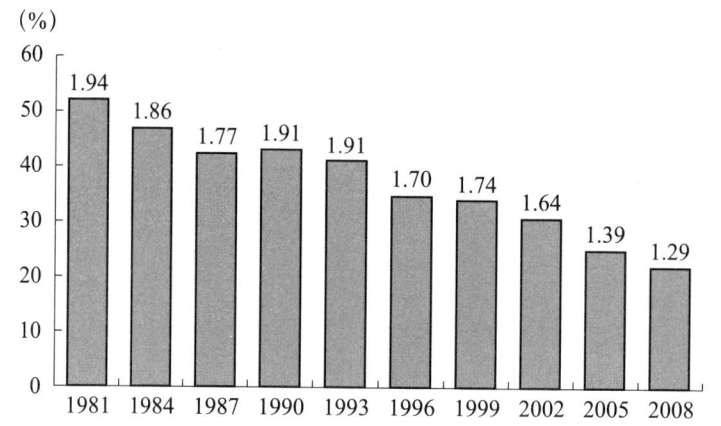

图1.6 发展中国家按2005年购买力平价调整后每天收入不足1.25美元的人口比例和数量

说明：条状图上为人口数量，实际数量为条状图上的数字乘以10亿。
资料来源：Anand and Segal（2015，表11.8）。

低收入国家的贫困是按照每天收入不足1.25美元的绝对标准衡量的，它不同于人均收入。低于这个标准的人口被认为生活在极度贫困中，这是一种仅能维持生存的状态，处于该状态人口的比例构成了贫困指数。在富裕国家，这种状态的贫困几乎不存在；流行的观点认为，贫困应该按照相对标准衡量，一个国家越富裕，贫困线应该越高。在这些国家，一个常用的贫困指数是生活标准在收入中位数1/2以下的人口比例。然而，这种衡量办法与总体不平等指数——比如基尼系数（可见Morelli, Smeeding, and Thompson, 2015，图8.7）——高度相关，尽管在理论上这并非事实。这表明，在人均收入水平不同的国家之间，收入分配的重要性质是相似的。为此，富国之间总体不平等的差异与富国贫困率的差异差不多。

对一国之内不平等的反对普遍存在（不幸的是，对全球不平等的反对要少得多）。结果就是，政府运用税收和转移支付再分配收入。为此，可支配收入的分配比市场收入要均等得多。这可用图1.7进行说明，其包含了2010年21个国家的样本，深灰色柱状图代表税收和转移支付前收入的基尼系数，而浅灰色柱状图代表可支配收入的基尼系数。在所有国家，可支配收入的不平等程度都低于市场收入的不平等程度。

图1.7还表明了国家间再分配程度的差别。比如，比较希腊和爱尔兰。在样本中，爱尔兰的市场收入不平等程度最高，而希腊（也是高度不平等的国家）税收和转移支付前的基尼系数明显要低得多，然而两个国家可支配收入的基尼系数却差不多，这意味着爱尔兰的再分配要比希腊多得多。

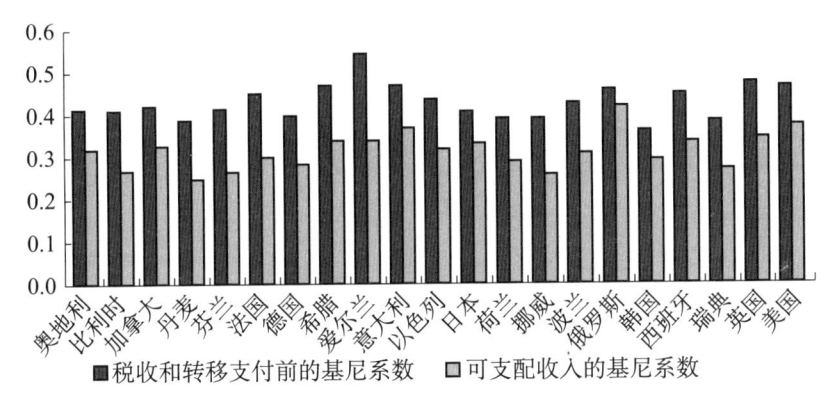

图 1.7　税收和转移支付前的基尼系数与可支配收入的基尼系数，2010 年

资料来源：Morelli, Smeeding, and Thompson（2015，表 8.4）。

再比如，比较加拿大和芬兰。这两个国家市场收入的不平等程度差不多。然而，芬兰进行了更多的再分配，其可支配收入的基尼系数明显要低。最后，我们注意到俄罗斯是税收和转移支付前不平等程度最高的国家之一，虽然不如爱尔兰、希腊、英国和美国高。

然而，可支配收入的基尼系数俄罗斯最高，该基尼系数与市场收入的基尼系数之差，俄罗斯是最小的。很明显，俄罗斯的税收和转移支付体系对可支配收入的均等化效应很小。

我们已经看到，按照基尼系数来衡量，美国的收入不平等在20世纪呈现U形；也就是说，一开始逐渐下降，后来又迅速上升。另一个衡量美国不平等的指标也呈U形。图1.8给出了美国收入最高的1%人口和0.1%人口的收入份额，也呈现出这种特征。根据这些数据，1913年，收入最高的1%的人口得到了美国18%的收入，这个比例在20世纪70年代中期下降到了8%，然而在样本期结束的时候又攀升回了18%。阿特金森、皮凯蒂和塞兹（Atkinson, Piketty, and Saez, 2011）认为，从1976年到2007年，这些最富的人口获得了美国收入增长的58%，包括1993—2000年克林顿扩张期间收入增长的45%和2002—2007年布什扩张期间收入增长的65%。他们还表明（见Atkinson, Piketty, and Saez, 2011，图3），从20世纪70年代中期到2007年，最顶端（最富裕的0.1%的人口）不平等的迅速上升是由不断提高的劳动收入（工资和薪金加上奖金、行使的股票期权和退休金）造成的，而资本收入仅处于第二位。这些数据表明，尽管财富不平等上升了，但是直到金融危机之前，资本收入在收入不平等的上升中并没有起很大作用。然而，根据皮凯蒂、塞兹和祖克曼（Piketty, Saez, and Zucman, 2017），资本对收入不平等的影响最近才有所上升，在将来很可能会有更大的影响。①

---

① 资本的重要性显著提高，既是因为资本在国民收入中的份额提高，也是因为资本所有权更加集中了。然而，请注意，资本所有权包括属于工人的退休基金。

图 1.8　美国收入最高的 1% 和 0.1% 的人口的收入份额，1913—2013 年

资料来源：世界财富和收入数据库（WID），http：//www.wid.world，2015 年 12 月 9 日。

本章阐述的关于经济增长、全球化和收入不平等的长期趋势很可能会一直纠缠不清。然而，最近对这些问题的关注更加聚焦于单个国家上。这是因为尽管国家内的不平等对整个世界个人收入不平等的贡献在 1981—2000 年间是稳定的，但是在此期间及之后国家内的不平等发生了很大变化。技术工人和非技术工人的收入差距在 20 世纪 70 年代后期到 90 年代早期收入不平等的上升中起了很大作用，无论是在 OECD 国家还是发展中国家都扩大了。后者包括中国、印度等国家，它们已经显著缩小了与富裕经济体之间的差距。同时，尽管人口增长主要集中于低收入国家，但是极端贫困人口在世界范围内都有所减少。

在担忧国内不平等程度不断提高的时候，需要注意到极端贫困人口的数量和比例相对于 30 年前都有大幅度下降；并且很难想象，如果没有全球化，这怎么可能发生。国内不平等程度上升的根源已经受到热烈讨论，并且已经有大量的研究试图解决这些问题。这方面研究的真知灼见将在下面几章阐述。

第一部分
传统方法

我们关于全球化对不平等的影响的理解是不断变化的。最初考察这一关系的大多数研究都依赖于众所周知的国际贸易的要素比例理论。该理论最初是由赫克歇尔（Heckscher，1919）和俄林（Ohlin，1924，1933）提出来的。

在第2章中，我将描述大学毕业生和高中毕业生工资差距的急剧上升及用于解释这一现象的赫克歇尔-俄林理论的核心。这一理论聚焦于总量中的一少部分，并因此被认为适合考虑技术工人和非技术工人之间的收入分配。

正如所发生的那样，从事这一研究的学者得出的结论表明，赫克歇尔-俄林理论不足以解释这些数据。这个结论的原因将在第3章阐释。

随后，技术变化被认为是对不同发展水平国家工资不平等的一种替代性解释。这些研究将在第4章中综述和评价。

接下来，第5章将讨论从富国到穷国的离岸经济活动对不平等程度可能造成的影响。

本书第一部分所涵盖的全部理论上的可能性以及验证它们的证据都是基于传统的国际贸易方法。最新发现的将全球化与不平等联系起来的机制将在第二部分进行考察。

第 2 章　大学生工资溢价的上升

根据绘制图 1.8 时所使用的数据库，1913 年美国收入最高的 1% 的人赚取了美国收入的 18%；这一比例到 20 世纪中期的时候下降到了 8%。之后，美国收入最高的 1% 的人赚取的收入比例在 1990 年攀升到 13%，并且在 2008 年上升到 18%。顶端收入者赚取的收入比例呈现出 U 形，并非只有美国如此（见 Atkinson, Piketty, and Saez，2011）。在加拿大和英国，不平等的变化也呈现相同的形状。[①] 而且，20 世纪 70 年代后期以来，不平等程度在许多国家不断上升。这些国家包括英语国家（美国、英国、加拿大、爱尔兰、澳大利亚和新西兰），也包括北欧国家（瑞典、芬兰和挪威），还包括像印度这样比较贫穷的国家。

不平等程度上升的一个重要根源是劳动力收入差距的不断上升

---

① 这种 U 形形状采用其他衡量不平等的指标——比如基尼系数——也能够得出来。

(见 Katz and Autor，1999)。表 2.1 给出了 10 个 OECD 国家男性收入者第 90 百分位数和第 10 百分位数工资之比的变化。① 比如，在澳大利亚，1979 年这一比例是 2.75，1994 年则上升到 2.94。换句话说，1979 年，澳大利亚工资收入在第 90 百分位数的人赚取的收入为在第 10 百分位数的人的 2.75 倍，而这一数字在 1994 年接近 3。根据这个标准，1979 年，加拿大的不平等程度最高，法国的不平等程度第二高，美国的不平等程度第三高。另外，加拿大和美国的工资不平等程度在接下来的 15 年中大幅度上升，美国在 1994 年成了最不平等的国家。挪威在 1979 年是不平等程度最低的国家，在接下来的 15 年中，其不平等程度略有下降。在这个样本的所有其他国家中，不平等程度都有所提高，尽管法国不平等程度的上升非常小。

表 2.1 男性收入者第 90 百分位数和第 10 百分位数的工资之比

年份	澳大利亚	加拿大	芬兰	法国	意大利	日本	挪威	瑞典	英国	美国
1979	2.75	3.46	2.44	3.39	2.29	2.59	2.05	2.12	2.46	3.19
1994	2.94	3.78	2.53	3.42	2.64	2.77	1.97	2.20	3.22	4.26

资料来源：Katz and Autor (1999，表 10)。

卡茨和墨菲 (Katz and Murphy，1992) 研究了美国经济中大学毕业生相对于高中毕业生人数的变化以及相应的这两类工作者相对工资的变化。他们发现，尽管大学毕业生相对于高中毕业生的人数在持续上升，但是大学生的工资溢价（表示大学毕业生比高中毕业生赚取的工资收入高多少个百分点）在 20 世纪 80 年代急剧上升。奥托 (Autor，2014) 表明，按照他们的工作时间占所有成人工作时

---

① 卡茨和奥托 (Katz and Autor，1999) 在他们的表 10 中报告了这些相对工资的对数，然而这里的表 2.1 报告了从他们的数据中计算出的相对工资本身。

第2章 大学生工资溢价的上升

间总量的比例来衡量，大学毕业生的相对供给在1963—2012年间持续上升。同时，在1963—1979年间，大学生的工资溢价呈驼峰形状，之后迅速上升，这可以从图2.1中看出来。[①] 大学毕业生的工资溢价在1979年是48%；到2012年翻了一番，达到96%。1987年，即卡茨和墨菲所采用样本的最后一年，大学毕业生的工资溢价为63%。

图2.1 美国大学生工资溢价的变化，采用百分数衡量大学毕业生比高中毕业生赚取的收入多多少

资料来源：Autor (2014).

卡茨和墨菲考察了需求和供给因素对大学毕业生相对高中毕业生工资差异的影响。基本的理念是：大学毕业生供给的相对增加应该降低大学生的工资溢价，而相对需求的上升应该提高工资溢价。需求因素包括国际贸易和技术变迁。他们认为，相对需求的上升远超过供给向下的压力，结果是美国大学毕业生的相对工资上升。特别是他们注意到，相对于非技术工人，对技术工人需求的上升从理

[①] 感谢戴维·奥托提供了图2.1的数据。

论上可以通过产业和就业都向技术密集型部门转移得到解释,而现实中,对技术工人相对需求的上升主要反映在部门内部而不是部门之间(下文有更详细的讨论)。

基于这些发现,卡茨和墨菲认为,特定形式的技术变迁,即所谓的技能偏向型技术变迁,是大学毕业生工资溢价上升的重要推动力量;并且在许多后续研究中这个结论都得到了体现(在工资变化形成中,技术与贸易力量的对比详见第4章)。像工会衰落、最低工资下降、劳动和产品市场取消管制等因素在大学生工资溢价上升中仅起次要作用。[1] 比如,在美国,关于最低工资对不平等影响的争论得出了差别不大的结论。一方面,卡德和迪纳多(Card and DiNardo, 2002)认为,在20世纪80年代最低工资实际值的下降在工资不平等程度的上升中起决定性作用。另一方面,奥托、卡茨和卡尼(Autor, Katz, and Kearney, 2008)表明,最低工资仅在工资分配的最低层而不是在最高层才对不平等程度有影响,而且在工资分配的最高层,不平等程度上升得最大。在更近的分析中,奥托、曼宁和史密斯(Autor, Manning, and Smith, 2016)发现,最低实际工资的下降能够解释20世纪80年代最低端工资分配不平等(即第50百分位数与第10百分位数的比例)上升的30%~40%。但是,他们不能够排除这种可能性,即从最低分位数到较高分位数的工资溢价是由于测量误差造成的。[2]

将国际贸易对大学生工资溢价的贡献与从技术对大学生工资溢

---

[1] 对于不同国家这些要素的证据回顾见 Bourguignon(2015,第3章)。
[2] 全球化除了影响工资之外,还影响劳动参与率(证据见第7章)。为此,相对工资的变化可能低估了参与贸易对不平等的影响。

价的贡献中分离开来的努力最终是支持技术,即技术的贡献更为显著。为了得出这一结论,需要理解影响工资的全球化力量并估计其规模。为此,我们讨论主要的贸易理论以得出第 2 章的结论,并在第 3 章中综述定量化这些影响的第一波经验研究。

贸易理论的前提

首先,学者尽力将富国大学生工资溢价的上升解释为对技术密集型产品(即在生产过程中使用技术工人的比率较高的产品)相对价格上升的体现,这是由国际贸易造成的。为此目的,他们运用了最初由赫克歇尔(Eli Heckscher)和俄林(Bertil Ohlin)提出的要素比例贸易理论(见 Heckscher, 1919; Ohlin, 1933)。根据这个理论,拥有更多技术工人(相对非技术工人)的国家生产相对更多的高技术密集型产品;这些国家出口计算机之类的高技术密集型产品,并进口鞋类等低技术密集型产品〔假定在给定的工资结构下,生产商生产计算机比生产鞋类使用的高技能工人(相对于低技能工人)更多〕。[1] 如果贸易不受关税或运输成本的阻碍,那么在高技能工人相对更丰裕的富国和低技能工人相对更丰裕的穷国,相对价格应该相同。在这些条件下,富国出口高技术密集型产品(计算机),而穷国出口低技术密集型产品(鞋类),假定两个国家面对同样的价格有相同的支出比例(偏好是同质的)。这是从要素比例贸易理论得出的关键发现。

---

[1] 如果只存在两个按照不变规模报酬生产的部门,两个采用相同技术的国家,不存在其他的生产投入,偏好相同、同质,那么这个观点就是准确的。

如果不是自由贸易，穷国征收进口关税，其国内高技术密集型产品的相对价格高于富国。那么，穷国的贸易自由化将会降低本国计算机的相对价格，并降低世界经济中计算机（相对于鞋类）的供给。作为这一变化的结果，世界市场上计算机的相对价格上升。

实际上，一大批欠发达国家通过削减贸易壁垒并加入世界贸易组织（WTO）扩大其对国际贸易的参与。[①] 与富国相比，它们专门生产低技术密集型产品。结果，它们与世界贸易体系的一体化降低了低技术密集型产品的相对价格；贸易条件的这一变化导致富国将从低技术密集型产品的生产重新配置到高技术密集型产品的生产。问题是，这些变化怎么就影响了大学毕业生的工资溢价呢？

沃尔夫冈·斯托尔珀（Wolfgang Stolper）和保罗·萨缪尔森（Paul Samuelson）在一篇著名的论文中给出了对这个问题的回答，这篇论文提出了著名的斯托尔珀-萨缪尔森定理（Stolper-Samuelson theorem）。该定理提出，高技术密集型产品相对价格的上升提高了技术工人的实际工资，而降低了非技术工人的实际工资。[②] 在这些条件下，大学毕业生的工资溢价上升。这些工资结果并不依赖于价

[①] 在20世纪90年代早期，一些不发达国家，像巴西和印度，进行了贸易改革，削减了制造业产品的关税。其他国家，像中国，后来加入了WTO（中国是2001年加入的）。

[②] 在斯托尔珀和萨缪尔森（Stolper and Samuelson，1941）的文献中，假定经济体包含两个规模报酬不变部门，使用劳动和资本两种生产要素。而且，一个部门是资本密集型，另一个是劳动密集型。意思就是在给定的工资率和资本利率下，前一个部门每单位工人使用更多的资本。在这些条件下，劳动密集型产品的价格上升会提高实际工资，降低资本的实际回报率。资本密集型产品的价格上升会产生相反的影响。当经济中使用的要素不是劳动和资本，而是技术工人和非技术工人的时候，同样的逻辑当然也成立。这个结构的扩展是由琼斯和沙因克曼（Jones and Scheinkman，1977）做出的；他们表明，在有多种投入和多个部门的经济中，全部产品都按照规模报酬不变进行生产，产品价格的上升提高了某些投入的实际回报，降低了其他投入的回报。

第2章 大学生工资溢价的上升

格运动的本源;它们是由于某个国家贸易政策的变化,比如实行进口保护或贸易自由化,或者是由于在世界市场上参与贸易的其他国家发生了变化。关键是低技术密集型产品相对价格的下降。

理论上,斯托尔珀-萨缪尔森定理能够通过高技术密集型产品相对价格的上升来解释富国大学生工资溢价的上升。第3章提出来的问题是:估计出来的相对价格的变化和相对工资对相对价格的弹性是否大到足以解释这个数据?[①]

这个讨论有不重要的一面。对贸易自由化之后在国际市场上销售低技术密集型产品的欠发达国家来说,在它们的国内市场上这些产品的相对价格必然上升,这要求该相对价格在欠发达国家比在富国一开始就更低。对该理论来说,幸运的是这种类型的相对价格差异与较穷经济体贸易保护的存在是一致的。因此,斯托尔珀-萨缪尔森定理的逻辑意味着贸易自由化之后,这些国家的大学生工资溢价应该下降,反过来这又意味着富国和穷国的技术溢价应该朝不同的方向变化。

这个理论的另外一个含义是,考虑相对要素的使用。富国更高的大学生工资溢价使得制造商减少技能工人的使用。按照同样的逻

---

① 事实上,分析贸易保护对工资的影响就是斯托尔珀和萨缪尔森(Stolper and Samuelson,1941)的最初动机。他们假定,一个部门是劳动密集型的,另一个部门是资本密集型的。关税提高了进口竞争产品的国内价格,结果就是,当进口竞争部门是劳动密集型时,劳动力受益;当进口竞争部门是资本密集型时,劳动力受损。可见琼斯(Jones,1965)的简练概述。

有意思的是,尽管斯托尔珀-萨缪尔森定理认为,相对丰裕的劳动从对外贸易中获益,而相对稀缺的劳动受损,但是贸易收益定理认为,在赫克歇尔-俄林型的经济中(也更具一般性),存在从贸易中得到的总收益(见 Helpman,2011,第3章)。这意味着,通过扩大消费选择的可能性,每个工人都能够得到更高的实际收入,贸易使得收益超过损失。

辑，穷国较低的大学生工资溢价使得它们的制造商减少低技能工人的使用。由于这个原因，高技能工人和低技能工人的比例在富国的每个部门都应该降低，而在穷国的每个部门都应该上升。最终，一旦我们认同斯托尔珀-萨缪尔森机制，我们就要认同其特定的附带含义。这些附带含义的经验有效性提供了该机制在多大程度上适用于解释对数据的检验（见下文）。①

---

① 罗德里克（Rodrik，2015）提供了该模型在其他经济学领域应用的完美讨论。

第 3 章　早期的研究

从经验上评价对外贸易在提高大学生工资溢价中的作用的初步尝试依赖的就是要素比例贸易理论。在该理论最简单的版本（见第 2 章的讨论）中，相对价格的变化引起了相对要素报酬的变化：高技术密集型产品相对价格的上升提高了高技能工人的实际工资，并降低了非技术工人的实际工资。因此，贸易对大学生工资溢价的影响可以通过估算两个数量进行估计：贸易对相对价格的影响和相对工资对相对价格的弹性。尽管这提出了量化贸易对大学生工资溢价影响的一条简单路径，但是由于数据的限制，采用这个方法得出可靠的结果很难（见第 4 章的讨论）。由于存在这些障碍，早期的研究是沿着不同的路径展开的。

卡茨和墨菲（Katz and Murphy，1992）运用要素含量分析计算了由美国进口和出口所引致的劳动力需求的变化。他们的分析包含对一个国家出口和进口中体现出来的不同生产要素服务的计算。① 将这些服务的净值（进口减出口）加到该国家的要素禀赋上，以反映除要素禀赋之外与原产国具有同样特征的假想国。② 自给自足均衡就是说假想国在经济上是自足的，且与原产国的贸易均衡在价格、要素收益和消费水平上都是相同的。更进一步地，包含原产国可出口品的假想国的生产水平等于原产国的生产水平减去出口；包含原产国可进口品的假想国的生产水平等于原产国的生产水平加上进口。如果没有贸易的话，原产国由于其实际的要素禀赋可以自给自足。因此，假想国和原产国要素禀赋的差异等于贸易的要素含量，代表由对外贸易造成的要素服务的实际增加。③ 该差异可以衡量国际贸易对要素收益的影响。

　　供给上升降低了要素收益，而供给下降提高了要素收益。如果贸易的要素含量小，假想国和实际国家之间要素禀赋的差异就小，那么贸易对要素价格的压力就小。如果贸易的要素含量大，对外贸易对要素收益的压力就大。不幸的是，要素含量估计仅提供了对要素价格压力的部分观点。将要素含量转化为要素价格的变化需要对其他经济特征进行估计，比如其部门的要素密集度以及在生产中，低技能工人代替高技能工人的难易程度。后者可以用两类工人的替代弹性来衡量。

---

① 要素含量分析最初是由里昂惕夫（Leontief，1953）引入的，其理论基础是由瓦尼克（Vanek，1968）发展出来的。
② 术语"假想国"借用自克鲁格曼（Krugman，2008）。
③ 该分析使用了如下假定：同样的技术可用于在国内和国外生产国内可出口的商品；同样的技术可用于在国内和国外生产国内进口竞争产品；要素价格——比如技术和非技术工人的工资——在国内和国外是相同的。对放松其中有些假定的分析，见特雷夫莱（Trefler，1995）、戴维斯和温斯坦（Davis and Weinstein，2001）。

第3章 早期的研究

卡茨和墨菲（Katz and Murphy，1992）发现，1973—1985年间美国贸易流量的变化改变了要素含量，相对于对非技术工人的需求，提高了对技术工人的需求。这意味着美国经济和假想经济中相对要素禀赋之间的差距加大了，因此产生了对大学生工资溢价的上涨压力。这个差距的上升很小，然而（见Katz and Murphy，1992，表VII），大学毕业生的数量相对于高中毕业生的数量确实上升很大。他们据此得出结论："尽管贸易引致的相对需求变化有助于沿着正确方向解释20世纪80年代不断上升的教育差异，但是相对于同一时期受到更好教育的工人相对供给的上升，它们非常小"（第65页）。换句话说，对外贸易在美国大学生工资溢价的上升中没有起多大作用。①

在一个对1980—1995年间贸易要素含量的更详细研究中，伯杰斯、弗里曼和卡茨（Borjas, Freeman, and Katz, 1997）发现，美国与发达经济体之间的贸易对要素价格的影响基本可以忽略；在美国与欠发达国家之间的贸易中，他们发现了一个虽然很小但是可以计量的影响。为了将贸易要素含量的变化转化成要素相对价格的变化，该研究使用了对这些投入品替代弹性的估计。高技能和低技能工人之间的替代弹性描述了当他们的相对工资下降1%时高技能工人相对使用量上升的百分比。

卡茨和墨菲（Katz and Murphy，1992）估计大学毕业生和高中毕业生之间的替代弹性为1.41，这意味着大学毕业生相对工资下降

---

① 卡茨和墨菲（Katz and Murphy，1992）在计算贸易的要素含量时，只考虑了投入的直接使用，忽略了通过中间投入品的间接影响。然而，忽略中间投入品以一种重要的方式改变了要素含量估计，见戴维斯和温斯坦（Davis and Weinstein, 2001）及特雷夫莱和朱（Trefler and Zhu, 2010）。

1个百分点，其相对使用量就会提高1.41个百分点。该弹性的倒数让我们知道，大学毕业生相对供给提高1个百分点，其相对工资将会下降多少。运用替代弹性为1.41，相对供给每上升1个百分点，相对工资将下降0.709%（即1/1.41）。他们使用同样的方法估计了向美国的移民对相对工资的影响。

表3.1显示了伯杰斯、弗里曼和卡茨（Borjas, Freeman, and Katz, 1997）运用大学毕业生和高中毕业生之间三个替代弹性的估计。中间一栏使用了卡茨和墨菲（Katz and Murphy, 1992）估计出来的弹性1.41。左边一栏使用了弹性2，而右边一栏使用了弹性1——这是两个假定的弹性值，它们是为进行敏感性分析而创造出来的中间估计值两边的一个区间。

表3.1　1980—1995年间移民及与欠发达国家之间的贸易对美国大学生工资溢价的贡献（记数单位）

替代弹性	2	1.41	1
移民	0.007	0.009	0.013
贸易	0.007	0.010	0.014
实际变化	0.191	0.191	0.191

资料来源：Borjas, Freeman, and Katz (1997，表18)。

根据伯杰斯、弗里曼和卡茨（Borjas, Freeman, and Katz, 1997）使用的数据，从1980年到1995年大学毕业生的工资和高中毕业生的工资之比提高了0.191个记数单位（log points）。[1] 另外，对1.41的替代弹性来说，移民、与欠发达国家的贸易分别贡献了0.009和

---

[1] 这比奥托（Autor, 2014）数据中大学生工资溢价的上升稍高一点。在奥托的数据中，大学生工资溢价在1980年是49.4%，在1995年是80.3%。1.803的对数和1.494的对数之差为0.188，比0.191稍小。该差异部分是由于定义的差别。伯杰斯、弗里曼和卡茨将一半的受过某种大学教育的工人归入了高中毕业生类别，剩下的另一半归入了大学毕业生类别。

第 3 章 早期的研究

0.010个记数单位。在中间情形中,移民和贸易对大学生工资溢价的上升各贡献了5个百分点。更高的替代弹性将给定的相对供给变化转变为更小的相对工资变化,这可以通过比较表3.1中间一列和左边报告替代弹性等于2时结果的一列看出来。但是,即使更低的替代弹性,等于1,其增大了移民和贸易对大学生工资溢价的影响,但得出来的估计结果使得移民和贸易的贡献更小,都大约为7%(见表3.1的最右边一列)。总之,移民和贸易对大学生工资溢价的上升没有显著影响。

伯杰斯、弗里曼和卡茨(Borjas,Freeman,and Katz,1997)还估计了移民、与欠发达国家的贸易对高中毕业生相对于高中辍学者工资的影响。1980—1995年间,该相对工资上升了0.109个记数单位。然而,在中间情形下,贸易仅贡献了该上升中的8%,他们估计出来的替代弹性等于3.1。[①] 另外,移民主要由学历低于大学的工人组成,贡献了高中毕业生相对于高中辍学者相对工资上升的44%。很明显,贸易对大学毕业生和高中毕业生之间的工资不平等只有非常小的影响,对高中毕业生和高中辍学者的工资不平等也只有非常小的影响,移民对前者影响不大,但是对后者影响很大。[②]

暂时驻足此处有助于弄清楚伯杰斯、弗里曼和卡茨(Borjas,Freeman,and Katz,1997)为了将高中毕业生和大学毕业生数量的

[①] 注意:高中毕业生和高中辍学者之间3.1的替代弹性远高于大学毕业生和高中毕业生之间1.41的替代弹性。这意味着,在高中辍学者的生产中,高中毕业生是比大学毕业生更好的替代者。

[②] 为估计与不发达国家进行贸易对工资的影响,克鲁格曼(Krugman,1995)也使用了斯托尔珀-萨缪尔森机制(the Stolper-Samuelson mechanism)。克鲁格曼认为,尽管在理论上该机制能够解释经验模式,但是理论模型合理的参数化使他得出结论:它不能够解释大学生工资溢价上升的幅度。

变化转化为这些工人的相对工资所使用的替代弹性背后的东西。两种投入品之间的替代弹性的标准定义适用于规模报酬不变的技术，这种技术使用这些投入品生产一种定义良好的产品，"报酬不变"意味着一定比例的投入扩张会按照同样的比例提高产出。在这种情况下，替代弹性只依赖于技术的性质，它有这样的性质，即使用这种技术并寻求成本最低生产方法的生产商确实会根据该弹性对要素价格的变化做出反应，并改变要素的使用。也就是说，如果替代弹性等于2，那么技术工人的相对工资下降1%，会诱致这种技术的使用者对技术工人的使用提高2%。

然而，当有多个部门或部门内部有多个特征不同的工厂时，对要素价格变化做出的相对要素使用的总体反应就不会典型地依赖于单一的技术指标。另外，这种加总的替代弹性可能会与生产中使用的单个技术的替代弹性存在系统性差别，生产价格对投入数量做出反应的程度非常敏感。

当然，当经济只用一种技术生产一种产品时，后一种困难不会出现。然而，即使在这种情况下，加总的替代弹性与部门中各种技术的替代弹性也存在本质的差别。比如，豪萨克（Houthakker, 1955）表明，在一个由使用劳动和资本的多个工厂构成的产业中，他们使用的技术在资本密集度上存在差别，在部门层次上劳动和资本之间的替代弹性等于1（科布-道格拉斯总生产函数），而在每个企业中等于0（里昂惕夫生产函数）。① 很明显，在这个例子中，所有

---

① 为了得到这个结果，豪萨克假定资本的相对生产率在各企业间根据帕累托分布变化。

的工厂面对相同的最终产品价格,以致当劳动和资本的数量变化时,它们的相对价格并不变。①

在估计大学毕业生和高中毕业生的替代弹性时,卡茨和墨菲(Katz and Murphy, 1992)使用大学毕业生相对供给随时间的变化和时间趋势来控制对工人相对需求的变化。正如他们弄清楚的,这个过程识别出了总体替代弹性,对寻求的变化来说,它是跟时间趋势的近似同样好的实际弹性的近似。另外,与采用时间趋势解释需求变化不同,对于用这种方法得出要素供给变化引致的价格变化在多大程度上可由估计出来的替代弹性进行解释,我们并不清楚。但是,正如伯杰斯、弗里曼和卡茨(Borjas, Freeman, and Katz, 1997)所表明的,围绕卡茨和墨菲的估计,在一个更大的替代弹性区间内,贸易或移民对相对要素报酬的影响与实际变化相比非常小。换句话说,尽管在将要素含量转化为相对要素收益时表现出了各种局限,但是依据这种方法得出来的稳健结论是:全球化对大学生的工资溢价只有非常小的影响。

有两种渠道可以说明要素可得性的变化如何产生了影响:部门之间投入要素的再配置和部门内部所使用要素密集度的变化。换句话说,要素供给变化的吸收可以分解为产业内部和产业之间。当产品价格没有对产出水平做出反应时,就业的全部变化都发生在部门之间。特别是,低技能工人供给的上升将被低技能密集部门——比

---

① 奥伯菲尔德(Oberfield)和拉瓦尔(Raval)在一个垄断竞争模型中研究了总体替代弹性与其微观决定因素之间的关系。他们表明,在一个所有部门都具有相等的不变需求弹性、所有部门劳动和资本替代弹性不变的经济中,劳动和资本之间的总体替代弹性是需求弹性和替代弹性的加权平均。

如服装鞋帽——的扩张和高技能密集部门——比如计算机——的收缩所吸收，要素密集度不会发生变化。相反，当产品价格对产出水平做出反应时，就业的变化包含产业之内和产业之间的变化，因为价格变化引起了要素价格的变化，而要素价格变化又引起了要素密集度的变化。就业的变化可以分解为产业内的变化和产业间的变化，可以通过经济中的其他变化来解释，比如需求的变化或技术的变化。第4章将讨论这种类型的分解如何用于解释工资变化是贸易而不是技术的作用。

第 4 章　贸易还是技术

在《教育和技术的竞赛》(*The Race between Education and Technology*) 一书中，戈尔丁和卡茨（Goldin and Katz，2008）将美国工资的历史演变描述为两个方面的竞赛，一方面是不断提高的教育水平，另一方面是改变对不同类型工人的相对需求的技术进步。一方面，日益提高的教育水平降低了高技术工人特别是大学毕业生相对于高中毕业生的工资；另一方面，技术进步在不同时期对期望的劳动力构成产生了不同影响，进而对技术工人的相对工资产生了不同的影响。20 世纪早期，技术创新降低了对高技术工人的相对需求，在 20 世纪后期却提高了对他们的相对需求。最初，由于教育扩张带来的技术工人供给增加和由于技术进步造成的需求减少一起降低了他们的相对工资。然而，后来由于技术变迁带来的对高技术工人需求的急剧上升提高了他们的相对工资，并提高了大学毕业生的工资溢价，尽管他们的相对供给也有所上升。并且，大学毕业生工资溢价的提高由于大学毕业生数量上升的速度慢于高中毕业生而进一步加剧。

本章将技术变迁看作 20 世纪不平等的重要推动者。然而，对高技术工人相对需求的上升多大程度上是由于技术变迁，多大程度上是由于贸易呢？为了回答这个问题，我们需要理解技术变迁如何影响了对不同类型工人的需求，既包括产业内的直接影响，也包括通过国际专业化的间接影响。

技术变迁的形式

如果给定投入组合，一项技术变迁生产出了更高的产量，就被认为是进步。如果技术进步对每种投入组合都以相同的比例提高产出，那么该技术进步就是希克斯中性的——这是以牛津大学经济学家约翰·希克斯（John Hicks）的名字命名的。但是，并非所有的技术进步都是这种类型的。希克斯（Hicks，1932）提出了偏向型技术进步的概念，其与相对要素需求对技术进步的反应有关。

为了理解这个定义，假定某种特定产品——比如服装——的生产，仅使用技术工人和非技术工人，并且满足规模报酬不变。那么，为生产特定产量寻求最低成本投入组合的服装生产商只会根据其相对工资来雇用技术工人和非技术工人。技术工人的相对工资越高，他雇用的技术工人相对于非技术工人来说就越少；这个雇用比率并不依赖于期望的产量水平。

按照希克斯的定义，给定相对工资，如果一种技术进步提高了高技术工人相对于低技术工人的需求，那么这种技术进步就是低技术节约型的；相反，给定相对工资，如果一种技术进步提高了对低技术工人的需求，那么这种技术进步就是高技术节约型的。因此，我们可以将第一种形式的进步看作是高技术偏向型的，后一种是低技术偏向型的。这个要素偏向型技术进步的定义可以扩展到更加多样的生产结构中。

中性技术进步和要素偏向型技术进步都会提高全要素生产率（total factor productivity，TFP），因为它们在给定的投入水平下提高了产出。在希克斯中性情况中，技术进步与全要素生产率提高的比例相同；而在要素偏向型技术进步中，TFP 上升的比例与技术变迁形式的关系更加复杂。

然而，对要素偏向型技术变迁的另一种定义，称为要素扩展型技术变迁，使用得更加普遍。在这个定义下，高技术扩展型技术变迁是指通过按比例提高技术工人的"有效"数量，能够使生产率更高的生产技术进步。比如，如果高技术扩展型技术变迁合计为 5%，这意味着给定数量的操作新技术的技术工人对产出的贡献也等于 5%，这要比技术工人采用旧技术对产出的贡献大得多。这个 5% 的技术偏向型技术进步将通过 TFP 的增长——其等于技术工人的成本份额乘以 5%——反映出来。因此，例如，如果高技术工人在工资中的份额为 40%，那么，TFP 将提高 2%。这个结果对低技术扩展型的技术进步也是相同的。另外，由于规模报酬不变，同时将低技术工人和高技术工人的生产率提高 5% 的技术变迁相当于将全要素生产率提高 5% 的希克斯中性技术变迁。

要素偏向型技术变迁的两个定义——要素节约型和要素扩展型——并不等价。特别是，技术扩展型技术变迁在希克斯的定义中可能是低技术节约型的，也可能是高技术节约型的。也就是说，给定高技术工人和低技术工人的相对工资水平，使得技术工人相应更有效率的技术进步可能导致对高技术工人相对于低技术工人的需求有可能上升，也有可能下降。相对需求将以哪种方式变化依赖于两类工人的替代弹性。当替代弹性大于 1 时，技术扩展型技术变迁在希克斯的定义中就是低技术劳动力节约型的；当替代弹性小于 1 时，可能就是高技术劳动力节约型的。

除了要素偏向，技术进步还可能表现为部门偏向。也就是说，技术变迁在部门之间可能是不同的，有些部门进步快，有些部门进步慢。正如我们将在下文看到的，这些部门偏向在工资设定中有明显作用。

有些技术发现会非常迅速地改变商业实践。蒸汽机的发明和电的发明都是如此，它们都导致了生产组织的巨大升级［见赫尔普曼（Helpman，1998）对通用目的技术的讨论］。对最近所发生的信息和通信技术的巨大进步也是如此，它们能够以前所未有的方式使企业拆分并且再组织起来。计算机辅助设计和计算机辅助制造能够使在传统上必须由一体化企业完成的任务可以外包和离岸生产。这导致了对外服务贸易的迅速增长（特别是在商业服务中），进而导致了深加工或最终装配的中间投入品国际贸易的扩张，以及全球供应链的扩张和再生。这些新兴的世界生产网络的设计已经导致了发生在跨国公司可及范围和界限内的巨大贸易流（见 Helpman，2006；Antràs，2016，第 1 章）。正如所预期的，这些发展产生了全球化影响工资和不平等的多条新通道。

第 4 章 贸易还是技术

价格和技术

我们在第 2 章已经看到,最终产品相对价格的变化如何改变低技术工人相对于高技术工人的工资。该分析的逻辑可以扩展至更复杂的框架,其中有多种类型的劳动和资本、不同类型的原材料,以及不同的中间投入品。要素比例理论阐明了由国际贸易造成的价格变化如何与要素回报的变化相关。要用这个理论估计贸易对工资不平等的影响,我们需要估计受影响部门贸易引起的价格变化及要素密度。

劳伦斯和斯劳特(Lawrence and Slaughter,1993)估计了部门技能密集度——用非生产工人相对于生产工人的就业量来衡量——和价格变化之间的关系。他们没有发现证据可以表明,在 20 世纪 80 年代,美国高技能密集产品的价格比低技能密集产品的价格上升得更快。[1] 列默(Leamer,1998)追踪了 20 世纪 60 年代、70 年代和 80 年代三个十年的部门价格相对于总体生产者价格指数的变化。在其样本中,纺织品和服装为低技能密集型部门,他发现,它们的相对价格仅在 20 世纪 70 年代有明显下降,为 30%;在 20 世纪 80 年代,当大学毕业生工资溢价迅速上涨的时候,技术密集型产品的相对价格仅有略微上升。

有人可能认为,20 世纪 70 年代的价格变化要到 20 世纪 80 年代

---

[1] 围绕这些估计值存在着争论。比如,萨克斯和沙茨(Sachs and Shatz,1994)将计算机产业独立出来发现了正效应。为了证明这个结果,他们提出,计算机价格被误测了。

才会对工资产生最大影响，因为价格冲击传递到工资的过程非常缓慢。但是，这个观点的可行性令人怀疑，因为虽然有人相信工资对价格的调整并不同步，但是没有证据可以证明。另外，重要的是这些研究并没有将对外贸易引致的价格变化分离出来。相反，他们使用的是多种原因造成的无条件的价格变化。换句话说，我们并不清楚劳伦斯和斯劳特或列默研究的价格变化多大程度上是由贸易而不是其他因素——比如需求变化或技术进步——造成的。然而，他们的证据表明，20世纪80年代技术密集型产品相对价格的上升最多是适中的。

这些相对价格的适中变化能否解释相对工资的巨大变化呢？列默（Leamer，1998）提出了解决这个问题的一种方法，可以清晰地解释部门全要素生产率水平的变化。其方法包括估计引致的要素价格变化，即在竞争性市场上，零利润条件下的要素价格变化。按照这种方法，最终产品的价格等于产品的边际成本，而产品的边际成本取决于要素价格和技术状况。因此，产品的价格变化与要素价格变化之间的关系可以表示为：

产品价格上升的百分比＝要素价格上升的百分比的加权平均
－全要素生产率上升的百分比

式中，全要素生产率衡量技术效率；右边第一项的权重是要素份额。除了不同类型的劳动外，列默还引入了资本和原材料。这个方程对微小变化是很确切的，因为技术是规模报酬不变的。①

---

① 这个公式给出了产品价格变化、要素价格变化和技术变化之间关系的一阶近似。如果这些变化不太小，那么二阶近似就能使用，从而引入了更多变量。

运用对 450 个部门产品价格变化、全要素生产率变化以及各种投入要素成本份额的估计值，列默估计了最接近这个方程的引致要素价格变化。在价格变化是由贸易和技术变迁引起的原假设下，通过比较引致的工资变化和实际工资变化，就能够提供工资变化在多大程度上可以通过贸易来解释的估计。

采用产品价格变化、全要素生产率的提高和方程右边第一项的权重（即要素份额）这些数据，前面的方程就可用来估计引致的要素价格变化。此时，不考虑生产率变化对产品价格可能产生的直接影响。在这些情况下，技术变化的形式，特别是技术是高技能偏向的还是低技能偏向的，不起特殊作用（尽管某个部门 TFP 增长率的计算依赖于引起生产率变化的要素扩展形式）。一旦得出部门之间存在差别的 TFP 增长率，部门生产率改进的精确来源就难以确定。这就是部门偏向的而不是要素偏向的技术变迁影响工资不平等的意义。高技能密集型部门的生产率提高同样会对提高技能溢价的价格上升做出反应。为此，列默（Leamer，1998）考虑了部门生产率提高可能影响价格的不同程度。在一种情况下，他假定由于生产率提高导致的成本下降通过会要素生产率增长率降低了生产价格；而在另一种情况下，他假定生产率提高不影响生产价格，即无传导（no pass-through）的情形。

在第一种方法中，工人被分成了高工资收入者（有技能）和低工资收入者（无技能）；而在第二种方法中，他们被分成了非生产型（有技能）和生产型（无技能）工人。列默发现，传导（pass-through）起重要作用。通过将工人划分为高工资收入者和低工资收入者或非生产型工人和生产型工人，对 20 世纪 70 年代的估计表明，生产价格的变化对工资不平等有正向影响。为此,列默将20世纪70年代定义为"斯托尔珀-萨缪尔森十年"(Stolper-Samuelson decade)。

这种显著影响在20世纪60年代和80年代的数据中没有出现。特别有意思的是,在后一个十年,结果依赖于将工人划分为有技能和无技能工人所采用的方法。如果工人被划分为高工资收入者和低工资收入者,在无传导的情形中,高工资工人的年工资增长率为2.98%,而低工资工人的年工资增长率为2.89%;而在完全传导的情形中,高工资工人的年工资增长率为1.91%,而低工资工人的年工资增长率为2.75%(见Leamer,1998,表4.7)。将这些工资变化归因于贸易就意味着,在20世纪80年代,如果不存在技术变迁对价格的传导,那么贸易对工资不平等就没有显著影响,如果存在完全传导,那么贸易降低了工资不平等。在任何情形中,这些估计都不能解释大学毕业生工资溢价的显著上升。

在第二种方法中,工人被划分为生产型和非生产型两类,可比较的数字对是,在无传导的情形中,非生产型工人的年工资增长率为3.45%,而生产型工人的年工资增长率为2.51%;而在完全传导的情形中,非生产型工人的年工资增长率为1.33%,而生产型工人为-0.86%(下降了)(Leamer,1998,表4.8)。根据这些估计,在20世纪80年代,在无传导和完全传导两种情形中,贸易都造成了工资不平等的提高,然而这一比例相对于大学毕业生工资溢价的上升来讲非常小。芬斯特拉(Feenstra,2015,第87~91页)运用同样的方法估计了1979—1990年间非生产型工人相对于生产型工人的工资变化。在一种情形中,他使用包含和不包含计算机产业(因为计算机产业是一个特例)部门的数据计算了部门 TFP 的提高;在另一种情形中,他完全没有考虑全要素生产率的提高(见 Feenstra,2015,表 4.1)。他得出的结论令人不安,因为"它们没有反映出美国 20 世纪 80 年代发生的工资实际变化,它们对所运用的数据和回归方法非常敏感"。显然,斯托尔珀-萨缪尔森效应不足以解释 20 世纪 80 年代工资不平等的上升。

将由贸易和技术导致的工资变化加起来也不足以解释 20 世纪 80 年代不平等的上升。根据列默(Leamer,1998)的估计,在无传导的情形中,高工资工人综合的年工资增长率为 -1.91%(下降),而低工资工人综合的年工资增长率为 2.75%;在完全传导的情形中,高工资工人综合的年工资增长率为 -1.59%(下降),而低工资工人综合的年工资增长率为 3.07%(Leamer,1998,表 4.7)。相反,对于生产型和非生产型工人来讲,可比较的数据对分别是,在无传导的情形中,非生产型工人为 1.33%,生产型工人为 -0.86%(下降);在完全传导的情形中,非生产型工人为 1.65%,生产型工人为 -0.54%(Leamer,1998,表 4.8)。显然,在前一种情形中,对高工资工人和低工资工人来说,综合影响表明工资不平等程度下降,与证据相反。在后一种情形中,对非生产型和生产型工人来说,综合影响表明工资不平等程度提高,但又不足以解释数据。

从这个分析中得出来的一个重要教训是,将对外贸易无法解释的工资变动归结为技术变迁的估计过分扩大了技术在提高不平等中的作用。使用生产价格变化的信息和要素回报相对于生产价格变化的弹性进行的直接估计,被公认为是难以得到的;但是它们对于将工资变动可靠地分解为各组成部分非常重要。

当地与全球的技术变迁

卡茨和墨菲（Katz and Murphy，1992）的结论认为，美国在20世纪80年代大学毕业生工资溢价的上升很可能是技能偏向型技术变迁造成的。这个结论部分基于这样的观察，即相对劳动力需求的大部分变化发生在部门内部而不是部门之间。这意味着，大学毕业生相对于高中毕业生总体就业的提高绝大多数是通过部门内部大学毕业生相对于高中毕业生的就业扩张吸收的，而不是由于从低技能密集型部门向高技能密集型部门转移吸收的。相反，低技能密集型产品的相对价格下降一直是大学毕业生工资溢价提高的最重要原因，我们本来应该观察到劳动力从低技能密集型部门重新配置到高技能密集型部门。另外，所引致的技能工人相对工资的上升本来应该阻碍生产者雇用高技能工人，并因此应该引致在制造业部门内部高技能工人相对于低技能工人就业下降，而这与证据相反。

这些结论得到了伯曼、邦德和格里利切斯（Berman, Bound, and Griliches，1994）的支持。他们研究了美国制造业部门生产工人和非生产工人就业和工资的演变。他们发现，在1959—1987年间，非生产工人的就业份额和工资份额的上升是累进的，在1979—1987年间前者达到每年0.552个百分点，后者达到每年0.774个百分点（而在1959—1973年间分别为0.069和0.051个百分点）。进一步地，0.552个百分点中有0.387个百分点是由于产业内就业变化造成的。也就是说，产业内变化解释了非生产工人就业份额上升的大约70%。他们得出结论：这些发现与偏向型技术变迁的显著作用是一致的，但是与转变生产需求——比如贸易或国防建设——的经济要素的显著作用并不一致。

为了给技术变迁在劳动需求转向非生产工人中起重要作用的观点提供直接证据，伯曼、邦德和格里利切斯把这些工人工资份额的变化与计算机在投资中的份额和研发支出占销售额的份额这两项技术指标联系起来。根据他们的数据，在1977—1987年间，计算机在投资中的份额几乎增加了2倍，从2.69%增加到7.36%（见Berman, Bound, and Griliches, 1994，表 VII）。并且，在整个制造业中，计算机投资的上升与非生产型工人在工资单中份额的上升正相关（这是在控制了其他变量——比如资本产出比——之后得出的结果）。研发投入也与非生产型工人在工资单中份额的上升正相关。可以认为，这个直接证据为这样一个观点提供了证明：美国从生产型工人就业向非生产型工人就业的转变与技能偏向型技术变迁相关，也与技能工人相对于非技能工人工资提高的判断一致。

然而，这与列默（Leamer, 1998, 2000）的观点不一致。他认为对相对工资变化重要的是技术变迁的部门偏向而不是要素偏向。尽管从列默的分析来看，这是一个非常可靠的结论，但是它依靠这样一个假定：技术变迁不会改变产品价格。这就提出了一个问题，即20世纪80年代的环境是否与这个假定近似？对这个问题的答案是否定的。

如果我们考察一个小国，其产品价格是由世界市场决定的，该国不会对产品价格产生影响，那么产品价格不变的假定可能会成立。然而，当考虑一个在某些产业具有重要影响的国家或者技术进步并不限于单个国家的情况时，这个假定并不合适。后一种情况特别有意思。就像信息技术的进步,其可以被许多发达国家迅速采用,接着是中等收入国家。然而,这项技术改变了全世界许多制造业部门的商业惯例,对部门的生产率水平产生了不同程度的影响。这种广泛的变化一定会影响产品价格。为此,相关性分析就要考虑价格变化对技术变迁的反应。保罗·克鲁格曼强有力地提出了这一点。

克鲁格曼(Krugman,2000)提出了一个世界经济模型,其中技术变迁在每个国家同时发生。接着他表明,与部门偏向的技术变迁不同,要素偏向的技术变迁改变了相对要素回报。① 特别是如果技术变迁(按照希克斯的定义)是生产型工人节约型的,那么就偏向非生产型工人,接着就会引起价格变化,非生产型工人的相对工资就会上升。并且重要的是,不管技术进步是发生在低技能密集型部门还是高技能密集型部门,技能溢价都会上升。换句话说,在这种情况下,相对工资的反应并不依赖于技术变迁的部门偏向;它只依赖于技术进步的要素偏向。总之,广泛的技能偏向型技术变迁会提高技能溢价,并提高每个产业高技能工人相对于低技能工人的就业,这与证据一致。②

技能偏向型技术变迁是普遍存在的吗?对这个问题的正面回答表明,对导致价格变化的技术变迁进行分析比假定价格恒定不变的分析更确切;因此作为对真实发生的情况的指导,前者的预言更为可靠。实际上,证据表明了对这个问题的确切回答。伯曼、邦德和

---

① 伯曼、邦德和马金(Berman, Bound, and Machin, 1998)提供了一个相关分析。
② 在这个分析中,有许多更好的观点可以考虑。对此,读者可以参考 Krugman (2000)。另外,在一个更一般的情形中,要素偏向或要素节约型技术变化与部门偏向型技术变化可能相关。更清晰的分析见 Xu (2001)。

第 4 章 贸易还是技术

马金（Berman, Bound, and Machin, 1998, 第 1246～1247 页）写道：

> 在这篇论文中，我们提出技能偏向型技术变迁在过去 20 年中普遍存在，在绝大多数（如果不是全部的话）发达国家同时发生。因此，它不仅是美国对低技能工人需求下降的主要原因，而且导致了整个发达国家从低技能工人向高技能工人需求的转变。（斜体为原文标注）

首先，作者表明，在英国（一个与美国具有相同经济特征的国家），生产型工人和非生产型工人就业结构的变化与美国相似。然而，正如上文给出的，在美国，非生产型工人比例的年增长率在1979—1987 年间达到 0.552%，而其中 0.387% 是由产业内变化造成的，在英国，1979—1990 年间相应的数字分别是 0.367% 和 0.301%（见 Berman, Bound, and Machin, 1998, 表 I）。其次，他们计算了 20 世纪 80 年代 10 个 OECD 国家非生产型工人在制造业中就业比例的提高，以及由于产业内变化所导致的提高的百分比。图 4.1 描述了这些国家中 8 个国家产业内构成的份额。① 瑞典份额最低，为60%；比利时份额最高，为 96%。该图非常清楚地表明，在所有这些国家中，从生产型工人向非生产型工人的就业转变主要发生在部门内部而不是部门之间。他们还表明，技能工人就业的产业内提高在各国家之间正相关；并且经历了向非生产型工人巨大转变的产业，与信息技术的传播密切相关，这些信息技术有：电动机、包含计算

---

① 我已经将卢森堡和日本排除在外，它们的份额超过 100%。

机的其他机械以及印刷技术和出版技术。

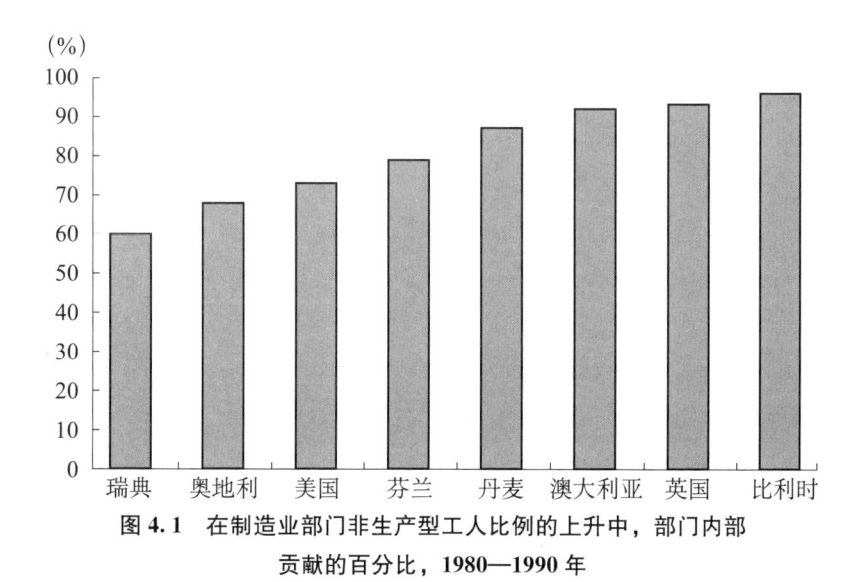

```
(%)
100
 90                                              ┌──┐
 80                                    ┌──┬──┬──┤  │
 70                              ┌──┬──┤  │  │  │  │
 60                  ┌──┬──┬──┐  │  │  │  │  │  │  │
 50       ┌──┬──┐   │  │  │  │  │  │  │  │  │  │  │
        瑞典 奥地利 美国 芬兰 丹麦 澳大利亚 英国 比利时
```

（瑞典 60，奥地利 68，美国 73，芬兰 79，丹麦 87，澳大利亚 92，英国 93，比利时 96）

图 4.1 在制造业部门非生产型工人比例的上升中，部门内部贡献的百分比，1980—1990 年

资料来源：Berman, Bound, and Machin (1998，表 II)。

大量的证据表明，技术进步转变了对高技能工人的要素需求。对这些工人的需求上升越快的部门，越具有创新性，研发越密集，计算机的使用也越密集。伯曼、邦德和格里利切斯（Berman, Bound, and Griliches, 1994）以及奥托、卡茨和克鲁格（Autor, Katz, and Krueger, 1998）指出了美国是如此，而马金和范里宁（Machin and Van Reenen, 1998）给出了许多国家的可比较证据，这些国家包括美国、英国、法国、德国、丹麦、瑞典和日本。另外，马金和范里宁发现，在他们样本中的 7 个 OECD 国家中，来源于不发达国家的进口份额在解释技术工人在产业内就业比例上升中的作用方面微不足道。这个证据表明，技能偏向型技术变迁（而不是对外贸易）更能够解释技术工人和非技术工人之间工资不平等的上升。

第4章 贸易还是技术

伯曼和马金（Berman and Machin，2000）分析了富国、穷国和中等收入国家生产型工人和非生产型工人在工资单中份额的变化。他们表明，在20世纪80年代，对于非生产型工人在工资单中份额的上升，产业内贡献的解释在他们的样本中除了瑞典之外的其他12个国家都很大；并且，部门非生产型工人在工资单中份额的变化在这些国家之间呈正相关关系。其中有9个国家，非生产型工人在工资单中份额的上升与美国这类工人在工资单中份额的上升正相关，只有奥地利和比利时对其他国家稍微呈负相关（见Berman and Machin，2000，表2）。伯曼和马金也表明，在同一个时期，对非生产型工人在工资单中份额上升的产业内贡献的解释，在他们的中等收入国家样本中，除韩国之外的其他18个国家都很大；在他们的欠发达国家样本中，除孟加拉国之外，其他7个国家也很大。而且，欠发达国家和中等收入国家的部门技能升级与美国的部门技能升级正相关（见Berman and Machin，2000，表4），所有这些国家——包括富国、中等收入国家、欠发达国家——的部门技能升级都与美国计算机的运用和OECD国家的研发密度正相关（见Berman and Machin，2000，表5）。

很明显，技术变迁普遍存在，并且在不同收入水平的国家呈现出了相同的模式。为此，将世界经济中的所有价格变化都归结为贸易是不可能的；技术变迁也会影响产品价格。这就使得全球化是否影响技术变迁这个问题悬而未决，该问题将在第9章中讨论。但是，值得记住的是，这些研究中有许多是从技术进步而不是贸易来解释技能溢价的，它们根据一个简单而高度综合的国际贸易模型解释了该事实。正如我们在第5章将会看到的，通过综述伯斯坦和沃格尔（Burstein and Vogel，2017）的研究可以发现，这种观点可能会有非常大的局限性。

第 5 章　离　岸

自 20 世纪 70 年代后期开始,技术变迁对不同生产要素生产率的影响不同,特别是提高了高技能劳动力的生产率。与此同时,信息和通信技术的大幅度提升降低了制造活动分段进行的成本,并导致了向通过商业企业进行外包的巨大转变。通信技术的提升,以及计算机辅助设计和计算机辅助制造业在这些发展中起重要作用,它们能够将生产过程分解为不同的阶段,而不同的阶段可在地理上相互分离的地方分别进行。结果,生产链上的有些部分可在母国的不同地区生产,母国只是公司总部所在地,其他部分可以在生产成本更低的别国离岸生产(见 Helpman,2011,第 6 章)。这些发展在鲍德温(Baldwin,2016)的著作中有详细的描述并被称为"第二次解放",其对发达国家和不发达国家要素价格的影响是相同的。①

离岸生产有两种通用的形式:正常贸易和外国直接投资。在两种情况下,离岸生产都使得对商业服务的购买、中间投入品的收购和最终产品或产品零件的装配成为必要。约翰森(Johnson)和诺格拉(Noguera)提供了对母国出口增加值与母国总出口的比率的估计,并将其定义为VAX比率。这个指标的倒数提供了对离岸程度的衡量,因为当越多的进口中间投入品体现为出口时,该值越大。为此,中间投入品贸易的增长导致了VAX比率的下降和其倒数的提高。

1970—2008年间世界制造业VAX比率倒数——用来衡量制造业产品的离岸程度——的趋势见图5.1。② 同样的趋势在描述全部贸易品VAX比率倒数的图形中也可看到,全部贸易品除了制造业产品外,还包括农业、非制造业产品和服务,因为制造业产品的上升趋势决定了全部贸易品指数的变化。在这个图形中需要注意的重点是,该指数直到20世纪90年代都只是缓慢上升,但从那之后一直到2008年金融危机却在迅速上升。然而,不同国家之间的差别甚大(可见Johnson and Noguera,2016,表D2)。在美国,离岸业务在20世纪80年代大幅提升,而大学毕业生的工资溢价也迅速上升(见下文)。

---

① 鲍德温(Baldwin)描述了全球化的三个阶段:第一阶段,又称为"第一次解放",开始于19世纪,是由船运成本下降推动的;第二阶段,又称为"第二次解放",开始于20世纪80年代,是由分割成本不断下降推动的;第三阶段,又称为"第三次解放",很可能发生在未来,是由不同地理位置个人间面对面交流的成本不断下降推动的。
② 这个数列恰好结束于2008年金融危机造成世界贸易崩溃之前。

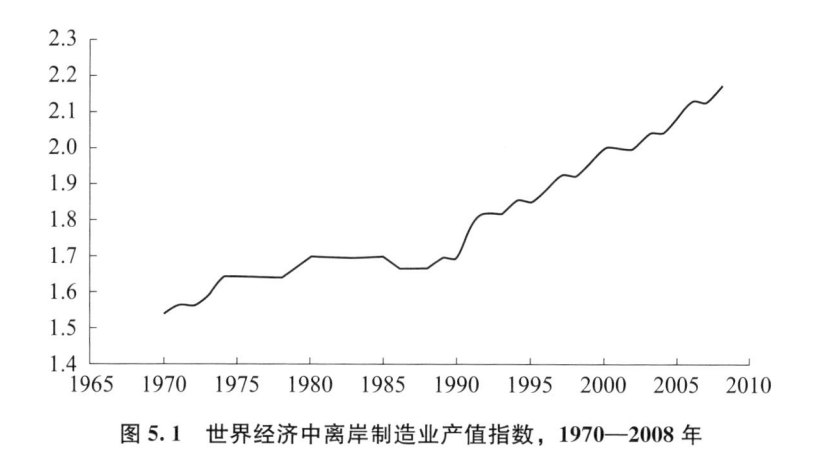

图 5.1　世界经济中离岸制造业产值指数，1970—2008 年

资料来源：约翰森和诺格拉（Johnson and Noguera，2016，表 D1）提出的制造业 VAX 的倒数。

使离岸生产成为可能的生产过程细碎化对形成要素价格和不平等是否重要？在回答这个问题之前，重要的是认识到，与通常的直觉相反，有些离岸形式可能对低技能工人有利，并且能够缩小离岸国家高技能工人和低技能工人之间的工资差距。对该理论特别详细的阐述见格罗斯曼和罗西-汉斯伯格（Grossman and Rossi-Hansberg 2008）。他们展望了最终产品生产必须从事的大量任务。这些任务中，有一些必须由高技能工人完成，而另外一些必须由低技能工人完成。而且，任务可以根据离岸的难度进行排序；有些任务可以比其他任务以更低的成本转移至其他国家，这是由于通信和监管成本的相对重要性的差异造成的。在高工资的富国，存在向工资更低的不发达国家转移离岸任务的激励，特别是那些离岸成本较低的任务。发达国家和不发达国家之间的工资差距越大、离岸成本越低，离岸的任务就越多。因此，降低离岸成本的技术进步将会导致更多的任务离岸到低工资的国家。

降低离岸成本的技术进步如何影响富国高技能工人和低技能工

人之间的工资差距呢？根据格罗斯曼和罗西-汉斯伯格的离岸模型，首先要考虑的情况是，只有低技能工人从事的任务才离岸。在这种情况下，这种技术变迁引发了更多的低技能任务向海外转移。他们表明，这将造成三种影响。第一，母国低技能工人的生产率提高，因为转移至更低工资国家的那些任务与母国保留下来的任务相比生产率更低。第二，由于这种生产的再组织节省了低技能的劳动服务，更多低技能劳动力可用于其他用途，这就相当于低技能劳动力供给的增加。第三，由此造成的生产成本下降降低了价格。后两种影响与价格变化和劳动力供给变化对相对工资的影响类似，这是在第2章和第3章讨论的。接下来我将集中讨论新的生产率效应。

在面对外部控制产品价格的小国，不存在价格效应。另外，不以正的产出水平影响产业组合的劳动力供给变化不会改变工资，因为它们会被部门的产出变化所吸收，并且不会发生要素密集度的变化。换句话说，在小国，只有生产率效应会改变工资。当任务对技能水平有特殊的要求且只有低技能的任务可以离岸时，降低离岸成本的技术变迁就好像低技能劳动偏向的技术变迁一样。如果相同的任务在高技能密集部门和低技能密集部门都有需要，这种低技能劳动力偏向的技术变迁将会在所有岗位上成比例地提高有效劳动时间，使得低技能工人更具生产性。如果这种提高为2个百分点，那么这些工人的工资也会提高2个百分点，而高技能工人的工资不会变化。结果就是工资不平等会下降。

这是一个有说服力的结果，与人们的共识完全相反。这种共识认为，离岸必定会使得富国失去某些类型的优良蓝领工作，从而会伤害低技能工人，因为它识别出了低技能工人从他们专门从事的任务离岸中获益的环境。当然存在与这个问题有关的其他考虑，而这些在这个分析中并不存在。① 但是这些并没有脱离这个生产率效应的潜在支配力量。按照同样的思路，高技能劳动力从事的任务离岸会通过生产率效应提高技能工人的工资。为此，要对离岸在工资形成中的作用进行经验检验，就必须注意降低离岸成本的技术变迁影响低技能工人和高技能工人所从事任务的程度的差别。

赖特（Wright，2014）提供了离岸到中国的任务影响美国对低技能工人和高技能工人的需求的经验证据。他的研究集中关注格罗斯曼和罗西-汉斯伯格离岸模型的劳动力供给和生产率效应。尽管离岸的直接效应降低了劳动力需求，替代了工人，但是生产率效应通过引起生产扩张提高了对劳动力的需求。经验问题就是：这些结果中的每一个到底有多大？在2001年中国加入WTO之后一直到2007年对就业的净影响到底是什么？

赖特的估计结果表明，离岸每提高1个百分点，将会导致低技能工人（生产型工人）的劳动时间直接下降0.29个百分点，等于那段时期美国制造业中这类工人就业下降的19%。② 同时，离岸每上升1个百分点，就会导致产出扩张大约1个百分点，其引起的低技能工人就业的增加接近由直接影响所引起的就业下降的70%。结果就是离岸造成的就业净下降大约为生产型工人就业实际下降的6%。如果2001—2007年这段时期，美国制造业中生产型工人的就业下降

---

① 格罗斯曼和罗西-汉斯伯格（Grossman and Rossi-Hansberg，2008）也表明，如果离岸任务的范围很小，那么其生产率效应也很小。然而，如果离岸业务的量很大，那么生产率效应将超过价格和劳动力供给效应。

② 赖特（Wright，2014）使用了芬斯特拉和汉森（Feenstra and Hanson，1999）发展出来的狭义离岸指数。对芬斯特拉和汉森工作的讨论见下文。

第 5 章 离 岸

了 120 万人，那么这两种效应共同造成的就业下降为 69 000 名工人，这相对于失去的全部工作来讲是一个非常小的数字。①

赖特（Wright，2014）还研究了离岸对高技能工人（非生产型工人）的就业影响。结果发现没有显著的直接影响。另外，他的估计结果表明，通过更高生产率引起的生产扩张，离岸略微间接提高了这些工人的就业。在那段时期，美国制造业高技能工人的实际就业下降了 17.5 个百分点，略小于低技能工人的就业下降，但是确实占比很大。很明显，这一下降不能用赖特对离岸通道的估计来解释。②

对于离岸的另一种理论是由芬斯特拉和汉森（Feenstra and Hanson，1996）提出来的。他们的目标是要表明，富国和穷国相同模式的工资变化并不必然与以对外贸易为基础的对大学毕业生工资溢价的上升进行的解释相矛盾。富国和穷国都相同地提高了技能溢价这个证据与传统的要素比例贸易理论的含义确实不符。芬斯特拉和汉森（Feenstra and Hanson，1996）为了使理论与证据完美相符，对这个理论模型进行了深入修正。

为了达到这个目标，芬斯特拉和汉森将生产过程想象为要素密集度不同的多种任务和中间投入品的集合。在此条件下，低技能工人的相对工资较高的富国发现，从穷国寻求低技能密集型任务和中间投入品来源是有利可图的，因为它们可以更便宜地生产。当技术

---

① 然而，可以看奥托、多恩和汉森（Autor, Dorn, and Hanson, 2013，第 6 章）的讨论，他们估计了所有从中国的进口（包括最终产品和中间产品）对美国就业的影响，而不仅仅是由于离岸产生的进口。

② 赖特（Wright, 2014）没有提供离岸对生产率影响的直接估计。但是，他的就业估计表明，其可能最显著。

变迁降低了离岸成本,或者当中间投入品的运输成本下降时,低技能工人相对工资较高的国家将会把更多的任务或中间投入品离岸到更穷的国家,因为那些国家低技能工人的工资更低。这种采购模式的形成可能通过跨国公司发生在企业边界之内,正如芬斯特拉和汉森所表明的;也可能发生在正常贸易中,正如朱(Zhu)和特雷夫莱所表明的。在两种情形中,附加的离岸任务和中间投入品,在富国最不可能是技能密集型的,而在穷国最可能是技能密集型的。结果就是在两个国家,对高技能劳动力相对低技能劳动力的需求都会上升,从而在两个国家都会对高技能工人给出更高的相对工资。而且,当任务、中间投入品和最终产品在统计分类上属于相同的部门时,离岸业务的扩张将提高两个国家那个部门可测量的技能密集度。在这些条件下,技能工人的相对工资上升,产业内高技能工人相对于低技能工人的平均使用也会上升。为此,这个修正的模型能够令人信服地解释这些数据。

经验证据支持这个推理的思路吗?它在数量上足够吗?芬斯特拉和汉森(Feenstra and Hanson,1997)运用20世纪80年代早期涌入墨西哥的外国直接投资(foreign direct investment,FDI)数据研究了非生产型工人相对生产型工人的工资及其就业的反应。这一波FDI的涌入是由墨西哥政府的政策变化引起的,它取消了许多对外国投资的限制。FDI流入的较大份额用于创办组装厂,即外国拥有的出口其产品的装配厂。美国的跨国公司是这类资本流入的绝大多数的来源,它们主要是沿着美国和墨西哥边境线建立组装厂,从美国进口中间投入品,然后运回组装好的产品。芬斯特拉和汉森发现,外国直接投资与非生产型工人工资在墨西哥工资总额中的份额上升呈正相关关系；外国直接投资越多的地区，这类工人的工资份额也有进一步的提高。图 5.2 给出了墨西哥 5 个地区非生产型工人的工资份额在连续时间区间内的年均变化（乘以 100）。① 1985—1988 年，最急剧的上升发生在美国边境地区，在图形中由粗实线表示，这个地区的 FDI 最突出。

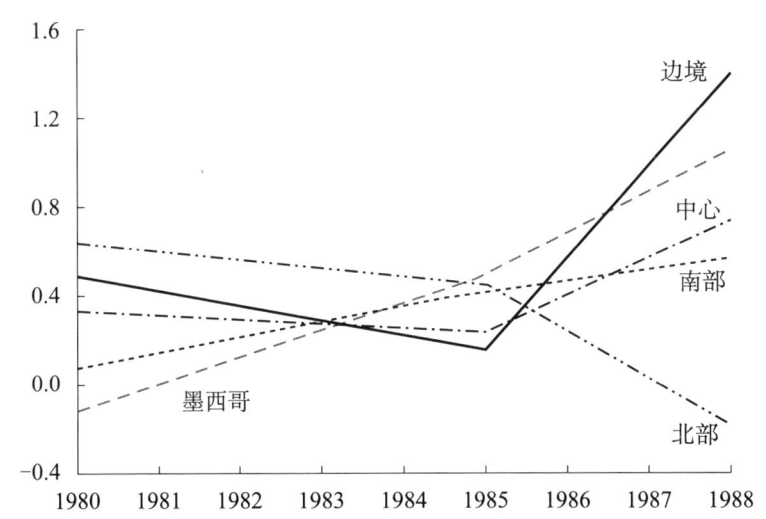

图 5.2 墨西哥非生产型工人工资在全部工资中的份额，当年对上一年的年均变化乘以 100。1975 年是 1980 年的上一年；1980 年是 1985 年的上一年；1985 年是 1988 年的上一年。

资料来源：Feenstra and Hanson（1997，表2）。

芬斯特拉和汉森（Feenstra and Hanson, 1997）文献中的相关关系并不包含支持他们离岸理论的强有力证据。然而，那些相关关系是富有启发性的，为体现在他们故事主线中的机制增加了可信度。进一步地，这个证据只包含了一半的含义，即那些关于离岸目标国的结果。采购国的就业和工资效应如何呢？这个理论也包含对采购

---

① 为了方便，对每年的变化都乘以100，这样使数字更容易读。

国的预测吗?

芬斯特拉和汉森(Feenstra and Hanson,1999)研究了这些预测。他们第一次指出,20世纪80年代,进口的中间投入品在美国的作用显著上升。当在所有四位标准产业分类(four-digit standard industrial classification)的产业间进行平均时,在制造业中,进口的中间投入品相对于非能源中间投入品的支出从1972年的5.3%上升到1979年的7.3%,又上升到1990年的12.1%。对于他们更喜欢使用的离岸(他们称为外包)的衡量,仅对生产产品的两位标准产业分类的产业的中间投入品购买进行计算,他们发现,进口的中间投入品的比例从1972年的2.2%上升到1979年的3.1%,又上升到1990年的5.7%。图5.3使用一个替代性指数,即来自约翰逊和诺格拉(Johnson and Noguera,2016)的VAX比率的倒数[1],确证了在1979—1990年间美国制造业中离岸的迅速上升。该指数迅速上升,直到2008年金融危机。

运用比列默(Leamer 1998)更可靠的程序估计引致的工资变化,芬斯特拉和汉森估计了离岸和高技术资本对非生产型工人相对工资的影响。[2] 图5.4给出了他们的结果。每个柱状图的高度表示估计出来的由于离岸和技术变迁所引起的非生产型工人相对工资的年增长率。每个柱状图的下面部分描述的是离岸的贡献,上面部分描

---

[1] 特别感谢罗伯特·约翰逊(Robert Johnson)在其与吉耶尔莫·诺格拉(Guillermo Noguera)合作的论文发表之前,就给我提供了该图的数据。

[2] 芬斯特拉-汉森估计程序的一个重要改进是分解了离岸和技术(以计算机的形式和其他高技术资本设备的形式)对价格变化各自的贡献,并且运用这些价格变化估计了受控制的工资反应。

述的是技术的贡献。

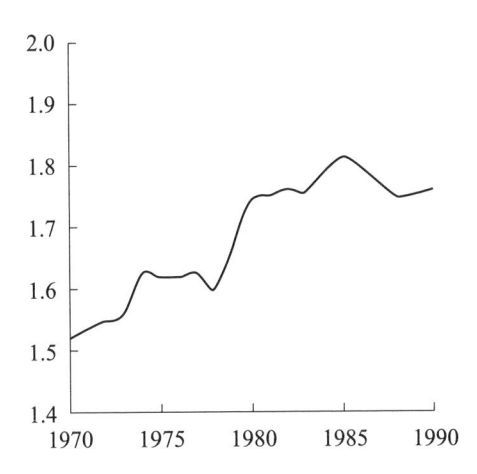

图 5.3　美国离岸制造业产品指数，1970—1990 年

资料来源：约翰森和诺格拉（Johnson and Noguera，2016）在线数据附录中的制造业 VAX 的倒数。

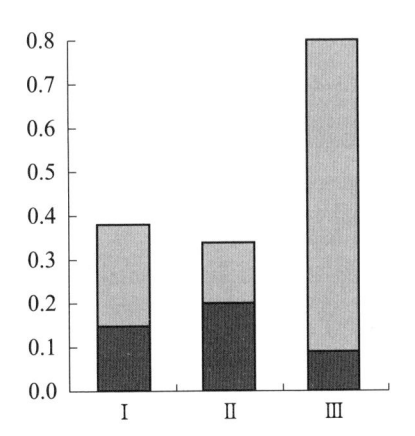

图 5.4　根据对计算机和高技术资本的不同衡量标准估计出来的非生产型工人相对生产型工人工资比例的年增长率：美国，1979—1990 年。柱状图的下面部分表示离岸的影响，柱状图的上面部分表示计算机和其他高技术资本的影响。

资料来源：Feenstra and Hanson（1999，表 VI）。

每个柱状图代表的是根据不同的技术衡量指标估计出来的结果。技术采用计算机和其他高技术资本份额的形式进行衡量。柱状图Ⅰ表示的资本份额是采用经济分析局（Bureau of Economic Analysis, BEA）的数据计算的，其资本服务是运用对计算机和其他高技术资本的事后租金价格计算得出的。柱状图Ⅱ表示的估计结果是运用 BEA 对计算机和其他高技术资本的事前租金价格评价的资本服务估计得出的。柱状图Ⅲ表示的估计结果是，其资本份额是运用统计局的计算机和其他高技术资本的投资流数据计算得出的。与前两个柱状图不同，第三个柱状图优先考虑了计算机和其他高技术资本的最新最好的年数据。特别注重最新最好的年数据在技术飞速进步的情况下是可取的，就像 20 世纪 80 年代那样，将全部权重都放在了最可能扩大这种准确性的投资流上。

图 5.4 中的每个堆叠柱状图都应该与 0.72 这一数值进行对比，该数值表示 1979—1990 年间非生产型工人相对工资的年均增长率。从这个对比中，我们可以得出，在前两种情形中，离岸加技术可以解释技能溢价上涨的大约一半。在第二种情形中，离岸起更大作用。尽管离岸在前一种情形中解释了技术溢价上升的大约 20%，但是它在后一种情形中解释了大约 27%。在柱状图Ⅲ中，它是根据计算机和其他高技术资本的投资流得出的，离岸解释了技能溢价上升的 12%，而技术贡献了接近 100%。很明显，这些估计对如何计算计算机和其他高技术资本的价值很敏感，难以从这项研究中得出强有力的结论。使用这三个估计的简单平均值，我们发现，离岸解释了技能溢价年上升率的接近 1/5；这是一个相当大的份额，但是还不够大。

第5章 离 岸

到2000年，在劳动经济学家中流行的观点认为，工资不平等程度主要是由于技术变迁而不断提高的（比如，Katz and Autor, 1999）；但是，贸易经济学家采用了更加细致的视角，将工资差距的扩大部分归因于离岸。然而，对这两个领域的学者们来说，非常清楚的是，传统的国际贸易方法不能解释20世纪80年代不平等程度上升的最大一部分。作为回应，新的研究认识到了这种情况，并且最近一些年份出现了不平等变化的新证据。这些发展将在本书的第二部分讨论。

第二部分
拓展情形

为了应对解释工资不平等程度上升的传统方法的缺陷，学者们检验了许多能够将贸易和不平等联系起来的其他机制，希望全球化能够更好地解释这些数据。这种尝试，部分是受到贸易对不平等的作用比估计所表明的要大得多的这种不安感觉的驱使，部分是受到数据分析中得到的新直觉和贸易理论的新发展的驱使。贸易理论的新发展揭示了贸易影响工资差距的新路径。尽管这些路径中有许多还处于理论可能的阶段，但是也有一些已经被量化了。这些机制的基本特征及其在贸易和不平等关系中的运用将在接下来的章节进行检验。正如在接下来的章节中将会阐明的，现有研究为了阐释全球化和不平等之间的关系，采用了大量的分析和实证方法，包括运用结构模型模拟进行的简化形式的估计和量化。

在第6章中，我将检验不同部门的异质性工人分类对工资的影响，并将这些工人与部门内不同特征的企业相匹配。在接下来的第7章中，我将讨论地理位置不同的劳动力市场如何形成不同类型工人的收入。在第8章中，我将讨论产品差异和技术应用的企业异质性在影响工资中的作用。在第9章中，我将检验市场力量指导的技术选择和技术变迁如何改变了贸易和工资之间的关系。在第10章中，我将讨论在具有相同特征的工人之间形成工资分配的劳动力市场摩擦。

第6章 匹配工人和工作

正如我们在本章将会看到的,国际贸易会影响工人与企业之间的匹配,进而影响收入的分配。将匹配和不平等联系起来的机制和将贸易与匹配联系起来的机制是本章的基本关注点。

匹配在大量经济活动中起核心作用。它一直被用于研究像企业选址、学生择校、医生选择医院或工人选择工厂之类的问题。贝克尔(Becker,1973)将匹配理论用于婚姻。他分析的一个重要成果是,他关注了存在积极分类匹配(positive assortative matching,PAM)的条件,具有广泛的运用。这个条件要求匹配双方的互补性(下文将解释),并且PAM意味着高价值的"女性"与高价值的"男性"配对,其中术语"女性""男性"被用作对匹配双方的特征描述。更一般地,当贝克尔的条件得到满足时,更好的企业被配置到更好的位置,更好的学生被配置到更好的学校,更好的医生被配置到更好的医院,更好的工人被配置到更好的企业。

为了说明方便，假定存在固定数量的女性和固定数量的男性，并且前者的数量等于后者的数量。另外，女性和男性可以按照单一特征从低到高进行排序。婚姻包括一对人：一个男人和一个女人。每一对都会基于男性的特征和女性的特征产生一个值，婚姻双方每一方的特征值越高，该值就越高。

哪种类型的匹配会最大化加总值呢？贝克尔表明，如果一个匹配的值呈现出互补性，那么积极的分类匹配就会最大化婚姻的加总值；也就是说，具有男性特征最高值的男性与具有女性特征最高值的女性相匹配；具有次级男性特征值的男性与具有次级女性特征值的女性相匹配；依此类推，直到具有最低男性特征值的男性与具有最低女性特征值的女性相匹配。互补性在这里意味着，当男性特征被一个具有更高值的男性替代、女性特征也被一个具有更高值的女性替代时，配对中的匹配值将会提高。换句话说，从改进的男性特征中得到的边际收益在对女性的吸引中会提高。对称地，从改进的女性特征中得到的边际收益在对男性的吸引中也会提高。这种特征也即所谓的超模性（supermodularity）。贝克尔接着表明，在"竞争性"的婚姻市场上，每个参与者都尽力最大化他或她自己的收益，由此所导致的配对满足 PAM。

为便于阐述，考虑一个简单的数值例子。有两位女性，分别具有特征 1 和特征 2，有两位男性，也分别具有特征 1 和特征 2。当一位男性和一位女性配对时，他们生产出相当于具有他们特征产品的剩余。结果就是 1 和 1 之间的配对产生剩余 1，1 和 2 之间的配对产生剩余 2，其与 1 是男性还是女性无关，2 和 2 的配对产生剩余 4。在 PAM 下，具有特征 1 的男性与具有特征 1 的女性配对，产生剩余

1，而具有特征2的男性与具有特征2的女性配对产生剩余4。结果就是总剩余等于5。其他可能的配对就是，具有特征1的女性与具有特征2的男性配对和具有特征2的女性与具有特征1的男性配对。这将产生两对婚姻，其剩余值都等于2，因此总剩余值等于4，其小于PAM下的总剩余值。在这个例子中，互补性产生于这样的事实，即配偶一方的某个特定特征单位在数量上等于另一方的特征单位将会提高剩余值。①

同样的逻辑可用于工人与不同类型企业工作的配对。为了研究工人与企业的配对，我们所需要的就是识别工人特征（比如能力）或企业特征（比如管理质量或技术复杂性）。这些类型的匹配与婚姻市场匹配的一个重要区别是，在婚姻中一位男性只能与一位女性匹配，而许多工人可与一个企业进行匹配。为此，为了在非常清晰的条件下描述收入不平等，工人-工厂匹配模型通常使用更强的互补性概念。他们认为，匹配值的自然对数表明了工人能力和企业复杂性之间的贝克尔型互补性。这个性质也被称作对数超模性（log supermodularity），其含义是，当使用复杂技术而不是简单技术时，高能力工人比低能力工人更具有生产力。②

对数超模性具有以下重要含义。为具体起见，假定工人的能力

---

① 为了理解不存在互补性时"混合"婚姻——分别具有特征1和特征2的配偶之间——能够产生最高的剩余，考虑剩余等于婚姻中最大特征值的情况。然后，在积极分类匹配下，低特征的夫妻产生了1的剩余，而高特征的夫妻产生了2的剩余，剩余之和为3。在"混合"婚姻中，剩余等于2，而且有两组这样的婚姻。因此，在这种情况下，剩余之和等于4，大于PAM下的总剩余。在这个例子中，互补性不再有效，因为低指标配偶特征1单位的上升不会提高剩余。

② 要想从这些研究中得出不平等结果的充要条件，双方的特征和数量必须以特定的方式相互作用，见Eekhout and Kircher (2016)。

水平在一个给定的区间，用恰当的单位衡量。工人与企业进行匹配，企业的技术复杂性水平也位于一个定义良好的区间，并采用适当的单位衡量。那么，对数超模性确保高能力的工人与高技术复杂性的企业匹配。特别是能力最低的工人与技术复杂性最低的企业匹配，而能力最高的工人与技术复杂性最高的企业匹配。在这种情况下，更有能力的工人得到更高的工资，工资随能力上升的速度依赖于工人能力和企业复杂性之间的互补性有多强。工资上升的速度又决定了工资的不平等程度：工资随能力上升越快，工资分配越不平等。

现在假定，作为经济环境变化（比如产品价格变化）的结果，能力在这个区间的工人与技术更复杂的企业匹配；也就是说，每个工人都得到了技术更复杂企业的工作（可能除去了能力最高或能力最低的工人）。那么，每一对具有不同能力水平的工人之间的工资差距都会拉大。如果这种情况确实发生，那么工资不平等程度就会更大。[1]

这阐明了工人与工作匹配经济中的一个重要性质：匹配的变化将会重新形成工资结构，进而形成不平等。改进工人匹配的经济变化会提高收入差距，而恶化工人匹配的经济变化会降低收入差距。为此，全球化可能会通过影响工人与工作的分类匹配而影响工资分配。工作可能包含与不同类型装备、不同类型经理、不同类型企业或不同类型部门的匹配。只要对数超模性普遍存在，更好的工人匹配将带来更大的工资不平等。

---

[1] 这些环境下不平等的上升非常明显，因为每一对不同能力水平工人间的工资不平等都上升了。结果，服从均值调整二阶随机控制（mean-adjusted second-order stochastic dominance）的每个不平等指数，比如泰勒指数，也都上升了。

第6章 匹配工人和工作

这些观点已经被用来研究贸易对工资差距的影响。它们使得在不同层次的工资分配上考察不平等成为可能。比如，比较全球化对顶端不平等与底端不平等变化的影响。为了理解不同国家收入不平等变化的模式，就需要包含丰富异质性工人的分析框架，不平等根据收入分配的不同方式发生变化。

表6.1给出了2000年、2007年、2014年一些OECD国家收入的10分位数中第5分位数与第1分位数、第9分位数与第5分位数之间的比率（不幸的是，该数据库没有更早年份的数据）。前一个比率衡量的是底端分配的不平等，后一个比率衡量的是顶端分配的不平等。最有意思的比较是在2000年和2007年间进行的，这两年都在金融危机之前，因为2014年在某种程度上反映了大衰退对收入不平等的影响。

表6.1 OECD国家的收入不平等

	2000年		2007年		2014年	
	第5分位数/第1分位数	第9分位数/第5分位数	第5分位数/第1分位数	第9分位数/第5分位数	第5分位数/第1分位数	第9分位数/第5分位数
加拿大	2.00	1.80	1.99	1.89	1.95	1.90
法国	1.53	2.01	1.49	2.00	—	—
德国	1.71	1.79	1.83	1.78	1.87	1.82
爱尔兰	1.70	1.92	1.86	2.03	1.98	2.00
日本	1.62	1.84	1.65	1.86	1.60	1.84
韩国	2.02	2.00	2.03	2.46	1.98	2.42
挪威	1.41	1.42	1.52	1.47	1.62	1.50
瑞典	1.39	1.69	1.40	1.67	—	—
英国	1.84	1.93	1.81	1.98	1.80	1.98
美国	2.05	2.19	2.11	2.31	2.09	2.40

注：总收入的10分位数之间的比率。
资料来源：OECD.Stat，2016年8月16日。

首先，注意这些数据中的不平等存在相当大的差别。2007年和2000年相比，在许多国家，在收入分配的底端和顶端收入不平等程度都有提高（也就是说，第 5 分位数与第 1 分位数的比率和第 9 分位数与第 5 分位数的比率都提高了）。这些国家包括爱尔兰、日本、韩国、挪威和美国。另外，在加拿大和英国，不平等程度在底端下降了、在顶端提高了；在德国和瑞典，不平等程度在底端提高了、在顶端下降了。最后，在法国，不平等程度在两端都下降了。很明显，这些国家在收入分配的不同阶段，不平等程度的改变存在显著差别。

2014 年和 2007 年相比，在收入分配的底端，不平等程度在德国、爱尔兰和挪威都进一步提高了，而在日本或美国没有进一步提高。2014 年和 2007 年相比，在收入分配的顶端，不平等程度在加拿大、挪威和美国进一步提高，而在爱尔兰、日本、韩国或英国没有进一步提高。

在可以获得更长期数据的美国，收入分配的顶端和底端的不平等发生了显著变化。运用社会保障管理总署（Social Security Administration）的数据，卡普库克、塞兹和宋（Kopczuk, Saez, and Song, 2010）表明，在 1939—2004 年间，男性收入的第 50 百分位数与第 20 百分位数和第 80 百分位数与第 50 百分位数的比率都呈 U 形，一开始先下降，最后再上升（可见 Kopczuk, Saez, and Song, 2010, 图 II）。然而，尽管这两个比率在那段时期的绝大多数时间呈强烈的正相关关系，但是在 20 世纪 90 年代的大部分时间，顶端的比率在上升，而底端的比率在下降。相对于顶端和底端的百分位数来说，这降低了中间段的收入，进而导致了工资的极化。多种多样的经验数据激发了研究收入变化整体轮廓的必要。

毋庸赘言，工人是异质的，贸易对不同类型工人工资的影响存在差别。鉴于到目前为止的绝大多数讨论都集中于两种类型的工人：技术工人和非技术工人，配对机制可能包含更多类型的工人异质性，

第6章 匹配工人和工作

对整个收入范围内的工资不平等具有更丰富的含义。其中的一些含义将在本章的其余部分讨论。

科斯廷诺特和沃格尔（Costinot and Vogel，2010）发展了要素比例贸易模型的一个变体，其特点是包括多个部门和多种类型的工人，市场是竞争性的，工人被归类到多个不同的部门（他们使用的表述是工人与部门配对）。① 对他们模型的一个解释是，部门生产国际贸易的中间投入品，每个国家都使用这些中间投入品组装其最终消费品。另一个解释是，工人与任务配对（也就是说，部门重新用任务标识），任务是用来生产最终产品的。在后一种情形下，要生产最终消费品和投资品，一个国家取决于其他国家从事的任务。这个解释对商业服务贸易等可能是合理的。然而，工人在某个单一方面是存在差别的——我们称之为能力；科斯廷诺特和沃格尔称之为技能——并且给定能力的工人的生产率在部门之间存在差别。重要的是，具有特定能力水平的工人的生产率只取决于其就业的部门，而不取决于该产业中雇用了多少或哪种类型的其他工人。另外，部门可以按照单一特征进行排序，比如说技术复杂性，以便每个工人产出的自然对数——其取决于工人的能力和部门的技术复杂性——表现出互补性。也就是说，劳动生产率是工人能力和企业技术复杂性的对数超模。在这些情况下，存在积极的分类匹配：在每个国家，更高能力的工人与技术更复杂的部门匹配。

---

① 奥恩佐格和特雷夫莱（Ohnsorge and Trefler，2007）更早期的一个变形使用一个分配模型研究了贸易和工资。在该模型中，工人存在两个特征的差别，并按照部门进行分类。

在这个世界上，当国家之间的要素禀赋存在一定程度的差别、呈现出相对生产能力丰裕程度的强排序时，国际贸易对工资不平等的影响很清楚。① 其含义如下：假定世界上包括两个国家；对任何两种能力水平而言，一个国家都拥有相对更多的更高能力的工人（这被称作单调似然率性质）。在这种情况下，我们可以毫不含糊地说，该国家相对于另一个国家高能力工人丰裕。科斯廷诺特和沃格尔表明，这两个国家之间的贸易开放将会改进高能力丰裕国家所有工人的匹配，恶化低能力丰裕国家所有工人的匹配。也就是说，在技能丰裕国家，贸易将导致劳动力在部门之间的再配置，从而每个工人都会被技术更复杂的产业雇用，而在另一个国家，情况正好相反。正如上面所解释的，当工人与技术更复杂的部门（或企业）匹配时，每一个高能力工人和每一个低能力工人之间的工资差距会上升，从而造成更严重的工资不平等。这就得出，贸易提高了高能力丰裕国家的不平等程度，降低了低能力丰裕国家的不平等程度。这个结果实质上与简单的只有高技能工人和低技能工人的两部门要素比例贸易模型的含义相似。在那个简单模型中，贸易开放使每个国家的相对丰裕的要素获益，使得技能丰裕国家的高技能工人的相对工资提高，而技能欠缺国家的高技能工人的相对工资降低。

贸易也改变了更复杂情形下的匹配。要素禀赋多样性存在差别

---

① 一般来说，由于有许多能力水平，一个国家可能在能力分布的更低端有相对更多的更高能力工人，在能力分布的更高端有相对较少的更高能力工人，从而具有能力相对丰裕的更复杂模式。

第 6 章 匹配工人和工作

的国家之间的贸易特别有意思（科斯廷诺特和沃格尔称之为北北贸易）。① 为具体阐述起见，假定存在一个能力水平，一个国家高于该技能水平的高能力丰裕，而另一个国家低于该技能水平的低能力丰裕。将前一个国家看作拥有更多样性的要素禀赋是合理的。这是禀赋在国家之间存在差异的特有方式，但是为当前目的这样做将被证明颇为有益。科斯廷诺特和沃格尔表明，在这些情形下，在要素禀赋更多样的国家，贸易恶化了低技能工人的匹配、改进了高技能工人的匹配，而在要素禀赋多样性更低的国家，情况相反。结果就是，在要素禀赋更多样的国家，在工资分配的低端，工资不平等程度下降；而在工资分配的顶端，工资不平等程度提高；而在要素禀赋多样性更低的国家，情况相反。这表明了一个重要观点：尽管全球化在整个工资区间范围内提高或降低了一个国家的不平等程度，但它在不同的能力区间上对不平等程度的影响存在差别。很明显，世界经济的结构特征在这些结果的形成中起重要作用，理论可以辨别出它们的不同影响。

最后一点在格罗斯曼、赫尔普曼和基齐（Grossman, Helpman, and Kircher, 2017）的文献中甚至得出了更强有力的证据。他们研究了雇用工人和经理这两种生产要素的两部门经济。在他们的研究中，部门之间的要素密集度存在差别，一个部门是工人密集型的，另一个部门是经理密集型的。然而，与标准模型不同，工人和经理是异质性的，具有不同的能力水平。结果就是存在两种类型的匹配：

---

① 格罗斯曼和马吉（Grossman and Maggi, 2000）给出了多样性对贸易流量影响的第一个理论分析。邦巴尔迪尼、加利波利和普帕托（Bombardini, Gallipoli, and Pupato, 2012）给出了经验证据。对此的文献综述，见 Grossman（2013）。

投入与部门的匹配和部门内部投入间的匹配。换句话说，某些类型的工人和经理在工人密集型部门就业，另一些类型的工人和经理在经理密集型部门就业。同时，在每个部门中，具有不同能力的工人与具有不同能力的经理匹配。为了将投入与部门的匹配和部门内部投入间的匹配区分开，三位作者使用分类（sorting）来描述前者，使用匹配（matching）来描述后者。

经理或工人的能力越高，雇用具有相同能力水平的经理和工人的企业的全要素生产率越高。生产率函数是对数超模的；只取决于工人和经理的特征，尽管存在这样的事实，即随着工人数目的增加，每个经理的边际生产率递减。[①] 而且，尽管单个企业没有激励混合经理或工人的能力，然而每个部门都会雇用具有多种能力水平的工人和经理。

每个部门雇用的工人和经理的类型取决于技术特征和产品价格。通过产品价格，国际贸易影响部门投入品的分类。通过影响分类，贸易影响每个部门雇用的工人和经理的构成，进而影响该部门的匹配。在每个部门内部，匹配的模式又决定了工资和经理收入的不平等。尽管生产力的对数超模性确保了每个部门内部的积极分类匹配，但是跨部门的分类并不必定满足 PAM。换句话说，在每个部门，具有更好经理的企业雇用更好的工人；但是，如果一组最好的经理被归类到了出口部门，那么能力最低的那组工人无论如何是不可能被归入出口部门的。最好的经理归类到能力最高工人的相同部门或者

---

① 企业的生产函数在投入的数量和能力上是可分的，从而使得全要素生产率仅取决于能力，并且表现出数量规模报酬不变。

第6章 匹配工人和工作

最好的经理归类到能力最低工人的部门的充分条件是由格罗斯曼、赫尔普曼和基齐（Grossman，Helpman，and Kircher，2017）提出来的。这些条件是采用要素密集度和生产函数特征的跨部门比较表述的。在这种情况下，要素比例理论的原理与匹配和分类的相互作用共同决定了全球化对不平等的影响。

作为考虑这些类型结构的动机，运用赫尔普曼、伊茨霍基、蒙德勒和雷丁（Helpman，Itskhoki，Muendler，and Redding，2017）文献中的数据，格罗斯曼、赫尔普曼和基齐（Grossman，Helpman，and Kircher，2017）在网上附录中给出了巴西的证据。这些数据区分了5种职位和12个制造业部门。1种职位包括多名经理和其他许多专业工人，而其他4种职位包括不同类型的白领和蓝领雇员。将后面4种职位加总成单一类型的工人，图6.1给出了巴西1994年12个制造业部门工人的平均工资和经理的平均收入。很明显，在这些数据中，经理收入越高的部门支付给工人的工资也越高，这表明更有能力的工人被归类到了更有能力的经理所在的部门。同样的形状出现在图6.2中，是瑞典2004年的数据。瑞典有14个制造业部门，工人的平均工资和经理的收入是根据5种职位构造的，与巴西具有可比性。[①] 在瑞典，更有能力的工人好像也被归类到了更有能力的经理所在的部门。

鉴于这个证据，我接下来阐述格罗斯曼、赫尔普曼和基齐（Grossman，Helpman，and Kircher，2017）的分析，他们聚焦于这样的经济类型：最好的工人和最好的经理受雇于一个产业，最没有

---

① 感谢安德斯·阿克曼（Anders Akerman）提供了图6.2的数据。

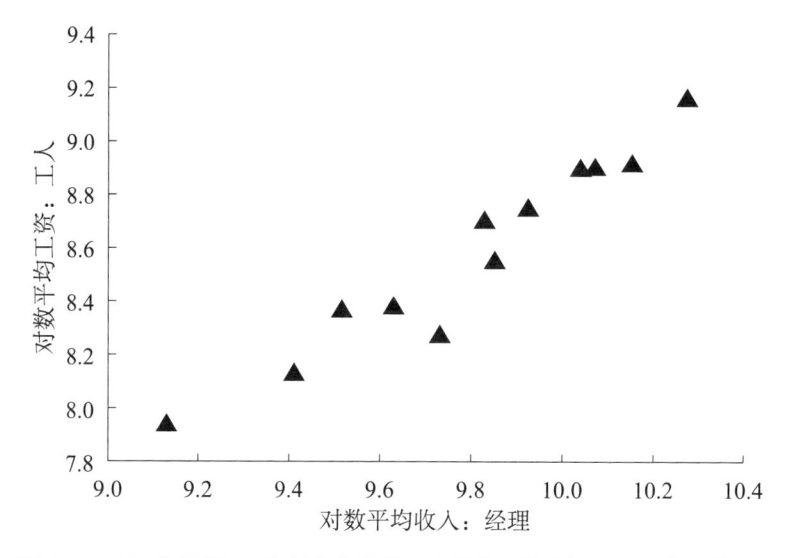

图 6.1　1994 年巴西 12 个制造业部门工人平均工资和经理平均收入的关系

资料来源：Helpman，Itskhoki，Muendler，and Redding（2017）.

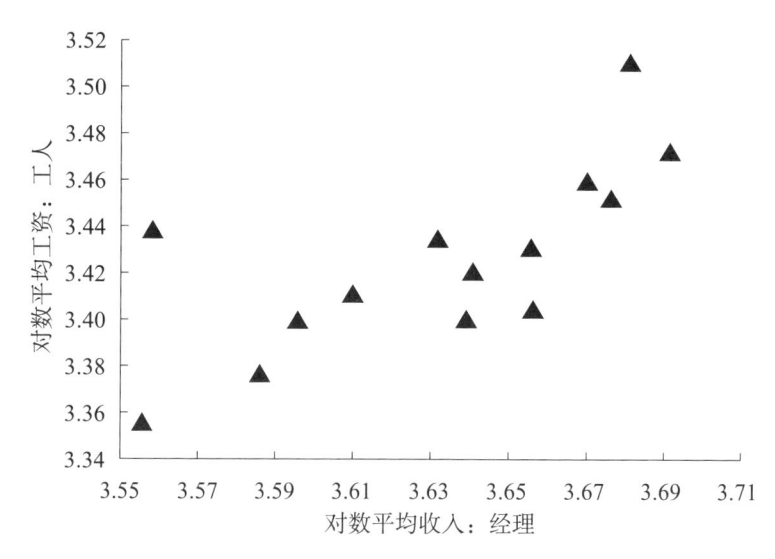

图 6.2　2004 年瑞典 14 个制造业部门中工人平均工资和经理平均收入的关系

资料来源：作者与安德斯·阿克曼的私人通信。

能力的工人和经理受雇于另一个产业。这个分析表明，当以下两个

第6章 匹配工人和工作

弹性比率在同一个部门更高时,这种分类模式就会出现:(1)产出对经理能力的弹性相对于产出对经理数量的弹性更高;(2)产出对工人能力的弹性相对于产出对工人数量的弹性更高。当这个条件成立时,最好的工人和最好的经理被归类到这两个弹性比率都最大的产业。

首先考虑部门之间要素弹性差别不大的情况。在这种情况下,上述弹性比率的部门差别是由于产出对能力的弹性造成的。当全球化改变了产品价格时,不平等将如何变化?假定它提高了最低能力生产要素产业所生产产品的价格。那么,正如专用要素贸易模型所预测的,部门间的收入不平等程度将会下降(见 Helpman,2011,3.3节)。① 在这个源于分类模式的框架中,的确存在着要素专用性的成本。这是因为最低能力生产要素在某种程度上专用于受雇部门,而最具能力的生产要素也一样,因为它们是根据生产这些产品的比较优势分类的。这种准专用性可以解释部门之间收入不平等程度的缩小。②

另外,在每个产业中,还存在工人和经理的再匹配。为了应对价格的提高,更多的工人和经理将被吸引到低能力部门。但是,这意味着低能力部门的能力区间和雇员数量都会扩大,而高能力部门

---

① 最初的部门专用模型是由琼斯(Jones,1971)发展出来的。在他的版本中,存在两个部门、三种投入。一种投入限于一个部门,另一种投入限于另一个部门。它们被称作部门专用投入,因为它们不能在不同产业间重新配置。第三种要素是自由的,能够在不同产业间无成本地流动。在这个框架中,一种产品价格的上升会提高生产这种产品的部门专用投入的回报,并降低另一个部门专用投入的回报。

② 在部门专用模型中,部门专用投入不能改变它们使用的部门,就像上一个注释所解释的,但是在这里它们能。然而,要素的能力水平影响其部门的比较优势,因此是半专用性的。

两者会收缩，因为前一个部门从后一个部门吸引了能力最低的工人和经理，而这些雇员比低能力部门原雇员的能力要高。这种分类适用于工人和经理。格罗斯曼、赫尔普曼和基齐表明，给定两个部门的要素比例相同，这会提高两个部门中一种生产要素（工人或经理）的匹配，并且对另一种生产要素来说，匹配在两个部门都会恶化（见他们的命题6）。因此，对匹配得到改进的投入品来说，部门内收入不平等程度在两个部门都将提高；而对于匹配恶化的投入品来说，部门内收入不平等程度在两个部门都将降低。在这些条件下，提高了低能力工人和经理所生产产品相对价格的全球化将会导致部门内部的工资不平等程度与经理收入之间呈负相关；其将缩小部门间的收入差距。对应地，提高了高能力工人和经理所生产产品相对价格的全球化将会导致部门的工资不平等程度和经理收入之间呈负相关；但是，它将扩大部门间的收入差距。①

格罗斯曼、赫尔普曼和基齐（Grossman, Helpman, and Kircher, 2017）在他们的在线附录中指出，1986—1994年，工人工资不平等的变化和经理收入，在图6.1描述的巴西的12个制造业部门中呈弱负相关，跟前面的预测一致。为了构建这种相关性，他们使用了马克·蒙德勒（Marc Muendler）提供的价格变化数据（私人通讯业）和赫尔普曼、艾特斯霍基、蒙德勒和雷丁（Helpman, Itskhoki, Muendler, and Redding, 2017）提供的工人工资和经理收入的数据。由于巴西在1991年就实行了贸易自由化，当其加入南方共同市场（MERCOSUR）这个自贸区时，1986—1994年间价格变化的

---

① 在本研究中没有考虑工人工资和经理收入之间的联合分布。

第6章 匹配工人和工作

相当一部分可归因于该政策。那么可以认为,这阐明了一种情形:全球化造成了制造业部门工人和经理收入不平等的变化之间负相关。该结果需要一个概念框架,其能够包括所涉及的生产要素的丰富异质性。

部门要素密集度的差别为有意思的变量打开了一扇门。如上所述,假如全球化提高了能力最低雇员部门所生产产品的价格。那么,投入的准专用性仍然会导致部门之间收入差距的降低;低能力部门通过雇用更多比他们最初雇员能力更高的工人和经理而扩张;高能力部门通过缩减其最低能力的工人和经理而收缩。然而,现在由此导致的部门内的工人和经理的再匹配未必会改进所有部门一方的匹配。如果对劳动力来说,在一个部门的匹配确实改进了而在另一个部门确实恶化了,那么前一个部门必定是劳动密集型的。对经理来说也一样。① 在这种情况下,要素密集度与匹配之间富有深意的互动揭示了要素匹配改进的部门。改进的匹配提高了某种要素的互补要素的部门内不平等,而恶化的匹配降低了其部门内不平等。为此,全球化提高了劳动密集部门的工资不平等程度,而降低了管理密集部门的不平等程度,因此部门内的不平等程度在工人和经理之间、不同部门的工人之间、不同部门的经理之间负相关(见他们的命题7)。

工人与经理之间的匹配在安特莱斯、伽利卡诺和罗西-汉斯伯格(Antràs,Garicano,and Rossi-Hansberg,2006)的文献中也有分析。在他们的框架中,存在一个管理层级。每个经理都有一个工人团队。某个工人的能力决定了他能应对的生产问题的范围。如果他遇到了超出该范围的问题,他会将其上报给经理,如果该问题恰好

---

① 自然地,尽管匹配对工人有所改善,但对经理却有所恶化;反之亦然。

在其能够处理的范围内，就解决它。解决问题需要花费经理一定的时间。每个人能够处理上限由其能力所决定的问题，因此更有能力的个人能够解决更低能力个人能够解决的所有问题，并且能够解决更多的问题。无法解决的问题妨碍了工人继续生产。这个结构产生了工人能力和经理能力之间的互补性。

个人在能力上是异质的，且能力呈连续分布。存在唯一的工人和经理团队生产同质产品的部门。经济是竞争性的，这就产生了工人和经理之间的积极分类和匹配：更好的工人与更好的经理匹配。既然高能力的个人在管理上具有比较优势，那么能力最高的个人归类到管理，其他个人成为生产型工人。由此形成的匹配产生了生产型工人之间的工资分配和经理之间的收入分配。

从两个封闭型经济体——比如说北方和南方——开始，安特莱斯、伽利卡诺和罗西-汉斯伯格检验了全球化对工资和收入不平等的影响。在自给自足的情形中，工人与他们本国的经理相匹配；而在全球化的情形中，一个国家的工人可以与其他国家的经理相匹配。结果就是全球化带来了工人和全球范围内经理的再匹配，这是一种形式的离岸，其改变了收入分配。

当能力在0和上限之间均匀分布且一个国家具有更大的上限值时，很自然地，后者指代北方、前者指代南方。当这些国家的其他条件相同时，全球化可能会导致南方所有的个人都被南方的经理雇用。由于南方工人拥有最低的能力，他们为北方最低能力的经理工作。或者，根据参数值，在全球化世界中有些南方个人会成为经理。在这种情形下，南方最没有能力的个人被南方的经理雇用，而南方最有能力的个人被北方的经理雇用。然而，在所有情形中，南方的工人都会改进他们的匹配。

关注作为不平等衡量指标的最高能力工人和最低能力工人工资的绝对差额，安特莱斯、伽利卡诺和罗西-汉斯伯格表明，全球化提高了南方工人集团内部的工资不平等程度。如果管理只花费很少的时间，并且南方和北方的技能差距很大，它也会提高北方工人集团内部的工资不平等程度。否则，全球化会降低北方工人间的工资不平等程度。而且，全球化降低了南方经理间的收入不平等程度，但是对北方经理间收入不平等程度的影响是模糊的。①

定量检验

对美国经济中工资决定因素的详细定量研究是由伯恩斯坦、莫拉莱斯和沃格尔（Burnstein, Morales, and Vogel, 2016）提供的。他们的研究包含归类到多个职位且与两类装备配对的具有多种特征的工人。他们的研究兼具职位间劳动和设备的分类以及职位内工人和设备的匹配。职业服务联合起来制造消费品和设备。

---

① 工人和经理之间匹配的一个非常有意思的模型是由克莱默和马斯金（Kremer and Maskin, 1996）提出来的，到目前为止还不足以用来研究全球化。他们研究了一种简单的技术结构，其中，产品是由两人团队生产的，每个人都被安排不同的任务。两种任务可被称为管理和制造，或生产和非生产。每种任务可由具有不同能力（技能）水平的个人从事；但两种任务是互补的，并且产品对能力的弹性在任务间存在差别。劳动力包括具有不同离散能力水平的个人。模型表明，在这类经济中，劳动力市场是竞争性的，如果能力分布不是很分散，那么劳动力平均能力的提高会降低工资不平等；如果能力分布高度分散，那么劳动力平均能力的提高会提高工资不平等（在这里，术语工资可用于对经理和工人的补偿）。这些结果与模型的发现相关，模型的发现是：人口内部能力的分散性提高会降低企业内技能的分散性，即经理能力相对于工人能力降低。马斯金（Maskin, 2015）运用该模型通过例子阐明了全球化如何提高了穷国的工资不平等，这些穷国相对于其贸易伙伴来说更低能力水平的个人更多。与安特拉斯、伽利卡诺和罗西-汉斯贝格（Antràs, Garicano, and Rossi-Hansberg, 2006）类似，他假定全球化让来自不同国家的个人相互匹配。

理论模型包含了使用设备和在不同职位就业的不同类型工人的比较优势的丰富结构，也包含这些职位中设备的比较优势。在每个工人类型的团队中，个人之间的综合生产率以及他们在设备和职位间的相对生产率存在差别。① 根据这些特征，竞争带来了分类和匹配、职位"价格"（即它们的生产价值）的形成和工资的分配。国际贸易改变了对不同类型职位的需求，导致了职位间工人和设备的分类以及它们在职位内的匹配。结果就是职位的价值改变了，工资的结构也改变了。降低设备价格的技术变迁也导致了职位服务的重新估价，进而影响了工资。

为阐述方便，考虑对某种特定职位的需求上升，比如"技师及相关支持"（这是他们的职位类型之一）。这提高了该职位的价值，进而不成比例地提高了在这种职位就业的那类劳动力团队的相对工资。然而，当一种类型的设备比如说"计算机"（这是他们的设备类型之一）的价格下降时，更复杂的关系就会出现。在冲击时，这降低了密集使用计算机的职位的成本，提高了对密集使用计算机的劳动力类型团队的需求。因此，在冲击时，密集使用计算机的劳动力类型团队的相对工资上升，而密集使用计算机的职位的相对"价格"下降。后者又产生了在计算机密集型职位中密集就业的劳动力类型团队的相对工资下降的压力。

在经验分析中，伯恩斯坦、莫拉莱斯和沃格尔（Burnstein, Mo-

---

① 后者被形式化为弗雷歇分布（Fréchet distribution），自从伊顿和科图姆（Eaton and Kortum, 2002）引入这一概念后，其在国际贸易研究中已经非常普遍。为了确保得到明确的结果，两位作者构造了工人、设备和职位之间的互补性关系，运用了随机版本的对数超模。部门间工人比较优势——其导致了工人的部门分类——的相似阐述，最初是由拉加科斯和沃（Lagakos and Waugh, 2013）在对结构转型的分析中引入的。

rales, and Vogel, 2016) 使用了 30 种职业分类，除了"技师及相关支持"之外，还包括"工程师""执行、行政、管理""健康诊断""零售""食品准备和服务"等等。设备有两类："计算机"和"其他设备"。工人被分成 30 个团队，根据性别、5 个受教育水平和 3 个年龄段进行分类。① 计算机的使用提供了技术影响工资不平等的明确通道，因为个人计算机的普及在不同职位间以及同一职位上具有不同特征的工人间并不一致；其偏向于受过更多教育的工人和妇女。计算机价格的迅速下降是对技术变迁的反应，鼓励车间增加对计算机的运用，这又影响了劳动力需求的构成和工资结构，正如上面所解释的。在供给方，受到更多教育的工人相对供给的增加又影响了就业构成和工资，这与第 2 章讨论的思路相似。

1984—2003 年间，工资溢价的对数，被定义为具有大学学历的工人与没有大学学历的工人平均工资的比例，在美国上升了 15.1 个记数单位（见 Burnstein, Morales, and Vogel, 2016，表 3）。② 如果劳动力需求不变，只有劳动力供给发生变化，那么这种技能溢价将下降 11.4 个记数单位。然而，劳动力需求的变化将技能溢价提高了 26.5 个记数单位。这种需求效应的大约 60% 是由于计算机的使用，大约 18.5% 是由于对不同职位需求的变化。劳动生产率解释了需求转变的剩余部分，即劳动生产率被作为残值进行估计。计算机对技

---

① 受教育水平分为高中辍学、高中毕业、完成了某些大学课程、大学毕业和接受过研究生教育。年龄段分为 17~30 岁、31~43 岁、44 岁及以上。

② 这比奥托（Autor, 2014）数据中的大学生工资溢价稍低，其中，大学生工资溢价被定义为大学文化程度工人与高中文化程度工人的工资比。在奥托（Autor, 2014）中，大学生工资溢价在 1985 年为 58%，在 2003 年为 86%，可以得出 log(1.86)−log(1.58)＝0.164。特别感谢乔纳森·沃格尔（Jonathan Vogel）阐明了这一点。

能溢价的巨大影响有两个来源：受教育工人在计算机使用上的比较优势，以及受教育工人在计算机密集型职位中的比较优势。比如，1984 年，用计算机工作的时间比例，有大学学历的为 45.5%，没有大学学历的为 22.1%；2003 年，这两个数字分别为 85.7% 和 45.3%。在这两个年份中，女性用计算机工作的时间份额要高于男性。

为了估计全球化对美国工人技能溢价的影响，伯恩斯坦、莫拉莱斯和沃格尔（Burnstein, Morales, and Vogel, 2016）检验了贸易如何影响了对所有类型工人的需求。他们发现，如果美国经济不进入国际设备（包括计算机）市场，那么其 2003 年的技能溢价将会降低 2.2 个百分点；如果美国经济不参与职位服务贸易，那么其 2003 年的技能溢价将会降低 6.5 个百分点。1984 年相应的数字分别是没有设备贸易则降低 0.1 个百分点，没有职位服务贸易则降低 5.2 个百分点（见 Burnstein, Morales, and Vogel, 2006, 表 7 和表 8）。因此，在 1984 年和 2003 年，设备贸易将技能溢价提高了 2.1 个百分点，职位服务贸易将技能溢价提高了 1.3 个百分点。既然那段时期技能溢价的实际上升达到了 28 个百分点（见 Autor, 2014），这些发现表明，国际贸易对美国工资不平等只有适度的影响。

李（Lee, 2017）从多个国家的贸易关系提出了对工资不平等的分析。她分析的经济中有多个部门和多个职位。国家间的比较优势来自部门生产率的差异和不同的工人类型构成。在每个属于同一类型的工人团队中，个人在职位间和部门间的生产率存在差别。这些生产率水平的分布是工人类型依赖型的。[①] 基于这些个体特征，每

[①] 就像在伯恩斯坦、莫拉莱斯和沃格尔（Burstein, Morales, and Vogel, 2016）中一样，这些生产被描述为弗雷歇分布。然而，与他们的模型不同，李（Lee）让形状和位置参数取决于工人的类型。

个工人被归类到一个为其提供最高收入的特定职位-部门活动中。正如李所强调的,除了归类到产业,归类到职位在其发现中起了重要作用。

李的定量分析包括 32 个国家,并且将世界上的其余国家加总成为第 33 个"国家"。这些国家既包括像美国、英国、日本这样的富国,也包括像阿根廷和巴西这样的中等收入国家。工人根据他们的受教育水平被分为 5 类:高中辍学、高中毕业、接受过某种大学教育的工人、大学毕业生、有高等学历的工人。部门由农业、采矿业、制造业和服务业构成。根据所必需的技能和职位任务惯例,职位被加总成为 5 大类。排序最低的是"低技能职位",最高的是"经理、专业人员和技师"。与伯恩斯坦、莫拉莱斯和沃格尔(Burnstein,Morales,and Vogel,2016)不同,李没有说明资本在生产中的作用。在估计了模型的参数后,李(Lee,2017)进行了大量的反事实实验来量化贸易对工资和部门-职位分类模式的影响。

在一个反事实实验中,李分析了农业、采矿业和制造业中双边贸易成本的变化,选择(标准化)这三种产业是为了在模型中产生贸易流的实际变化。2000—2007 年间,制造业部门这些贸易成本的下降是农业或采矿业部门的 2 倍,平均下降了 12.4 个百分点。贸易成本的这一下降引起了世界经济的更高一体化,提高了样本中每个国家每个工人团队的实际工资(见 Lee,2017,表 A3)。由于这些估计出来的变化限于团队平均,因此不讨论对团队内单个工人的分配结果。然而,非常突出的是,全球化的显著上升对高中辍学者没有负向影响,对其他受教育水平的团队也没有负向影响,尽管在经济结构中存在斯托尔珀-萨缪尔森机制的作用。这是可能的,因为李的模型包含李嘉图比较优势力量，这意味着在部门相对生产率水平上，国家之间存在差别。

而且，不同受教育水平团队的实际工资在国家之间差别甚大。在加拿大、意大利、日本、瑞典、英国和美国等富裕国家，不平等到处都在提高：高中辍学者的收益低于高中毕业生，高中毕业生的收益低于接受了某种大学教育的个人，接受了某种大学教育的个人的收益低于大学毕业生，大学毕业生的收益低于接受了研究生教育的个人。但是，同样的模式也出现在了像印度、印度尼西亚、波兰和土耳其等比较贫穷的国家。在其他国家，实际工资收益的模式在不同的教育团体中呈现U形，高中辍学者和有研究生学历者的收入上升要高于其他类型的工人。这种非单调反应出现在对阿根廷、巴西、希腊、以色列和荷兰的估计中。特别需要注意的是，在所有这些国家，除希腊之外，高中辍学者受益最多。还有两个国家，新西兰和瑞士，实际工资收益呈单调变化，受最低教育的工人得益最大（见Lee，2017，图A4）。在这个实验中，不平等在有些国家上升，在有些国家下降；然而这些变化并非与发展水平相关。

通过比较大学教育及以上工人的平均工资与高中毕业生和高中辍学者的平均工资，上述结果可用于计算较低的贸易成本对大学生工资溢价的贡献。① 他们表明，更低的贸易成本只解释了美国

---

① 李（Lee，2017）将大学生工资溢价定义为这两个平均工资的比率，不同于伯斯坦、莫拉莱斯和沃格尔（Burstein, Morales, and Vogel, 2016）中使用的定义。为了理解这种差别，考虑这两种平均工资比率为1.5的情形。根据李，1.5为大学生工资溢价；而根据伯斯坦、莫拉莱斯和沃格尔（Burstein, Morales, and Vogel, 2016），50%为工资溢价。这种定义的差别意味着对大学生工资溢价变化大小的计算存在差别。工资比值从1.5上升到1.545，按照李的定义，工资溢价上升了3%；但是按照伯斯坦、莫拉莱斯和沃格尔（Burstein, Morales, and Vogel, 2016）的定义则上升了9%。一般情况下，对技能溢价的上升，前一个定义得出的数值比后一个定义得出的数值要小。

2000—2007年间大学生工资溢价上升的11.4%，只解释了中国大学生工资溢价上升的大约17%。我们再一次看到，由贸易成本推动的贸易扩张只解释了技能回报上升的一小部分。李还指出，在像意大利和西班牙这些欧洲国家，尽管存在由更低贸易成本造成的向上压力，技能溢价在2000年之后却下降了（见Lee，2017，图2）。这些下降反映出大学毕业生供给不断增加的支配力量。

另一项实验检验了中国总体生产率改进的影响，总计达到11.2%。这个生产率改进是基于谢和欧萨（Hsieh and Ossa，2016）的估计。这种情形导致的实际工资变化小于贸易成本下降导致的实际工资变化。① 表6.2表明了美国的这种差异，贸易成本下降对实际工资的影响比中国总体生产率改进对实际工资的影响大10~20倍。这一差别在其他国家也非常典型。

表6.2　　美国实际工资的上升，2000—2007年（%）

工人类型	HD	HG	SC	CG	AD
贸易成本下降	1.15	1.15	1.49	1.62	1.81
中国总体生产率的改进	0.06	0.09	0.13	0.14	0.17

注：工人类型：高中辍学（HD），高中毕业（HG），接受了某种大学教育（SC），大学毕业（CG），高等学位（AD）。

资料来源：作者与李恩熙的私人通信。

尽管中国总体生产率的改进提高了许多国家所有类型工人的实际工资，但是智利和印度尼西亚所有5类工人的实际工资都下降了。在有些国家，结果是混合的，有些类型工人的实际工资提高了，有些类型工人的实际工资下降了。比如，在阿根廷，高中辍学者的实

---

① 以下讨论是基于李恩熙在私人通信中提供的表，与其论文中的表A3结构相似。我特别感谢她提供这些数据，并为我阐明了关于其估计值的多个疑问。

际工资下降了 0.18 个百分点，而接受了更多教育的工人的实际工资却上升了；在巴西，高中辍学者的实际工资下降了 0.11 个百分点，而接受了更多教育的工人的实际工资却上升了。然而，所有这些变化都很小，因此对不平等只有很小的影响。总之，根据这项研究，贸易成本的下降和中国总体生产率的改进都没有对 2000—2007 年间的不平等产生很大的影响。

第 7 章　地区差异

到目前为止,我的讨论一直将重点放在具有不同特征的工人类型之间的不平等上,但是这些特征并不包括除居住国之外的居住地特征。这种方法暗含的一点就是,居住在同一个国家的相似个人,经历的劳动力市场结果相当。为证明这个观点,典型的是假定每个人都能在国内无成本地找到工作,但在其他国家却不能。很明显,这种方法将国际移民从分析中排除了,并且将国内移民视作一种极端情形。

然而,有大量证据表明,劳动力流动不仅在国家边境线之间受到限制,在国内不同地区之间的流动也会受到限制。而且,内部流动的程度并不统一;比如,在印度、巴西、德国很低,而在美国相对较高(对印度的研究,见 Topalova,2007;对巴西的研究,见 Kovak,2013;对美国的研究,见 Autor, Dorn, and Hanson, 2013;对德国的研究,见 Dauth, Findeisen, and Suedekum, 2014)。然而,即使在美国，跨州之间、在州内部跨越更小的地理区域的劳动力流动也受到限制。这些观察一方面引起了对全球化影响地区不平等的兴趣，另一方面引起了对全球化影响地区内不同类型工人之间不平等的兴趣。尽管全球化地区效应的研究不总是依靠明确的理论框架，它们在细节上也确实存在差别，但是它们都有两个共同的假定：第一，居住在一个国家各次区域的工人不会为了应对全球化或贸易自由化而改变其居住地；第二，全球化和贸易改革对不同地区的影响不同，因为地区构成不同。有些部门受关税削减的影响很大，这些部门在贸易自由化期间典型地表现出不一致；有些部门受贸易伙伴出口扩大的影响很大，这些部门的比较优势集中于特定产业。结果就是对一个国家内的州、省或区的平均影响取决于位于该地区的部门以及这些不同部门的就业分布（比如，钢铁业在宾夕法尼亚州，而采煤业在西弗吉尼亚州）。部门构成差异造成了结果差异。

为了理解不同地区工资受全球化影响存在差异的重要机制，考虑这样一类国家：某个工人固定于特定地区，但是可在地区内的任何部门无成本地找到工作。在这些条件下，相同的工人在一个地区内的工资必定是相同的，与他们就业的部门无关，但是工资在不同地区存在差别。在一种极端情形下，一个地区内的所有工人都相似，工资不平等仅是地区间工资差异的结果。

暂且假定，地区内的所有工人都相似。一个典型地区按照琼斯（Jones，1971）提出的方式形成其经济，有许多部门，每个部门都有部门专用的投入，每个部门既在国内销售产品，也在国外销售产品。在一个地区经济中，部门专用的投入品可能包括矿物、特定类型的农业土地，或者专用于特定用途的资本设备。工人在区域内寻找支付最高工资的部门的工作。结果就是部门间的就业分布确保每个部门支付相同的工资率。这种就业分布取决于每个部门生产的产品价格（更高的价格带来更高的就业），取决于该地区可获得的部门专用投入的数量（部门专用投入的数量越高，带来的就业越多），并且取决于可获得的生产技术。如果技术在所有地区都相同，面对的价格也相同，那么地区工资差异就只是部门专用投入可获得性和劳动力规模差异的结果。这些要素禀赋被假定为固定的。

现在考虑价格下降对工资的影响，比如说衣服的价格下降，该价格变化可能是国外供给上升的结果，也可能是国内贸易改革降低了对衣物等纺织品的关税。这一价格下降可被看作是所有地区面临的共同冲击。其对工资的影响如何？所有地区的工资都会成比例地下降吗，或者说它们会以不同的比率下降吗？如果工资成比例地下降，那么这种贸易冲击对地区工资不平等就没有影响。但是如果工资下降的比率在不同地区之间存在差别，那么这种贸易冲击就会改变工资不平等。

琼斯（Jones，1971）推导出了一个将价格冲击和工资效应联系起来的方程，并且这个方程被科沃克（Kovak，2013）用来研究巴西贸易自由化对其次区域工资不平等的影响。根据这个方程，每个部门被赋予一个指数，我称之为琼斯指数（Jones index），由三个变量构成：劳动和部门专用投入的替代弹性、该产业雇用的劳动力比例、部门专用投入占该产业总成本的比例。琼斯指数依据这三个变量构建如下：

$$琼斯指数 = \frac{劳动和部门专用投入的替代弹性 \times 该产业雇用的劳动力比例}{部门专用投入占该产业总成本的比例}$$

运用该指数，等式意味着，价格下降——比如说陶瓷产品价格下降2%——对工资的影响，与陶瓷业的琼斯指数除以所有部门的琼斯指数之和成比例。也就是说，其与下列反应程度成比例：

$$陶瓷业的反应程度 = \frac{陶瓷业的琼斯指数}{所有部门琼斯指数之和}$$

很明显，这意味着，工资下降小于2%，但是陶瓷部门相对于其他产业的琼斯指数越大，其下降的幅度越大。当许多价格在贸易自由化进程中同步变化时，地区的工资下降等于价格下降的加权平均值，某个产业的权重等于上述反应程度。地区间部门构成和要素禀赋的差异造成了地区间工资对价格反应的差异，因此影响了工资不平等。

巴西从1990年开始实施主要产品的贸易自由化计划，并且在南方共同市场形成后达到了顶峰。在那段时期，关税（及关税的等价措施）从平均30.5%下降到了平均12.8%。但是，下降的幅度在各部门间差别甚大，"橡胶"和"服装"下降很大，而"石油、天然气和煤炭"下降很小，农业受到了少量的更大保护（见Dix-Carneiro and Kovak，2017，图1）。由于巴西的微型地区（microregions，总共有400多个）间的部门构成差异很大，利用上述地区权重进行价格变化的加权平均计算，价格冲击的大小在各微型地区之间的差别也相当大（见Kovak，2013，图3）。① 而且，工资变化在各微型地区之间也存在差别。通过估计由关税变化引起的地区价格下降对工

---

① 由于缺乏数据，科沃克（Kovak，2013）假定21个部门中每个部门劳动力和部门专用投入的替代弹性都等于1。而且，他将该分析扩展到包括非贸易品，并被包含在部门结构中。

第7章 地区差异

资的影响，科沃克（Kovak，2013）发现，贸易自由化造成10个百分点的价格大幅下降，会造成地区工资4个百分点的大幅下降。由关税削减造成的平均价格下降，在1991年工资分布位于第95百分位数的地区比第5百分位数的地区高7.6个百分点。贸易自由化导致的工资下降，在前者地区比后者地区高3.4个百分点。因此，这一时期提供了贸易自由化降低地区工资不平等的案例。

然而，巴西的自由化对地区工资不平等的影响很小。通过计算地理上工资分布位于第90百分位数与第10百分位数的次地区之间相对平均工资的对数，科沃克发现值为0.572，其达到了第90百分位数次地区较高工资的77%。① 另外，如果没有贸易自由化，这个工资比率的对数为0.590，其达到了第90百分位数次地区较高工资的80%。第75百分位数和第25百分位数次地区之间不平等的下降甚至更小；其工资比率的对数为0.299，如果没有关税削减，则为0.305。因此，贸易改革将第75百分位数和第25百分位数次地区的工资比率从36%降低到了35%。很明显，这段时期的贸易自由化缩小了地区工资差距，但不是很大。

迪克斯-卡内洛和科沃克（Dix-Carneiro and Kovak，2015）将这一分析扩展到考虑劳动异质性，在制造过程中将技术工人和非技术工人与部门专用投入结合起来（见他们的在线附录），其中技术工人被定义为接受了高中及以上教育的个人，非技术工人被定义为所接受的教育低于高中的工人。1991年，技术工人的工资比非技术工

---

① 特别感谢布莱恩·科沃克在私人通信中提供了这些估计值。重要的是注意到这些数字是基于地区工资估计的残值，是控制了工人的可观察特征之后得出的。然而，相同的估计值是运用原始工资数据得出的。

人的工资高96个记数单位。尽管平均技能溢价在1991—2000年间保持相对不变，但是其在微型地区之间差别很大。到2010年，平均技能溢价下降到了72个记数单位，并且各地区之间仍然存在差异。

这一扩展能够使迪克斯-卡内洛和科沃克估计巴西贸易自由化对地区技能溢价的影响。尽管其中有些估计被证明是不显著的（也就是说，不能拒绝贸易自由化没有改变技能溢价的假设），但是另外一些估计表明，关税削减降低了技术工人和非技术工人之间的不平等（因为关税在技能密集部门降低得相对更大）。然而，最后的结论是："……不同的关税冲击最多能解释1991—2000年间技能溢价降低的14个百分点"（Dix-Carneiro and Kovak，2015，第556页）。从这个分析可以得出，巴西1991年的贸易自由化对技术工人和非技术工人工资差距的缩小只有非常小的作用。其他影响要对85%以上的技能溢价负责。

在对巴西贸易自由化进一步的详细研究中，迪克斯-卡内洛和科沃克（Dix-Carneiro and Kovak，2017）研究了对前一个部门地区工资和就业的长期影响。① 他们发现，对收入的影响在质上与科沃克（Kovak，2013）报告的结果相似，只是下降持续到了扩展期，并一直累积到21世纪头十年的中期。这种累积效应比科沃克确定的短期变化要大。另外，关税削减带来的价格下降使较大微型地区遭受的正规部门就业收缩更大。这些就业下降累积了很多年，在21世纪头十年的中期才稳定下来。重要的是，贸易改革的持续调整是由以下几个方面推动的：地区之间缺乏劳动力流动、资本调整迟缓（主要

---

① 巴西有非常大的非正式部门，主要的小企业都在非正式部门运行，以支付更低的工资。

是通过折旧率和不同的投资率)、在更大地区产生了更高生产率的地区经济集聚。巴西调整起作用的时间区间令人惊奇地长,而且还不经常发生。[1] 尽管如此,它仍然表明,需要更多地关注动态反应,其累积效应要比短期影响大得多。

另一项影响地区劳动力市场的贸易改革是 1994 年的北美自由贸易协定(NAFTA)。尽管 NAFTA 对总体福利影响的估计值非常小[2],但是哈科巴扬和麦克拉伦(Hakobyan and McLaren,2016)发现了该协定对美国低技能工人显著的地区影响,其与来自墨西哥的进口直接竞争。他们的研究考察了美国 500 多个地区,称为公共使用的微观数据连续地区(consistent public use microdata areas,CONSPUMAS),包含位居各州内的县市。他们运用与科沃克(Kovak,2013)相似的方法估计了工资对 1990—2000 年间贸易自由化引起的价格变化的反应,这段时间贸易自由化的形式是美国对从墨西哥的进口实行关税减免。然而,与科沃克不同,哈科巴扬和麦克拉伦(Hakobyan and McLaren,2016)对价格变化的加权平均没有考虑部门专用要素投入成本的部门差别;他们将巴拉萨(Balassa,1965)提出来的显示比较优势(revealed comparative advantage,RCA)指数[3]合并进了权重。RCA 指数的内容被修正为如下表述:

---

[1] 例如,特雷夫莱(Trefler,2004)发现,作为对 1989 年美加自由贸易协定的反应,绝大多数的就业调整是在三年期内完成的。
[2] 见 Romalis(2007),他发现对美国的净影响为零;又见 Caliendo and Parro(2015),他们发现对 NAFTA 各国家——加拿大、墨西哥和美国——只有非常小的积极影响。
[3] 部门 i 的巴拉萨 RCA 指数被定义为部门 i 在一个国家的出口份额除以该部门在世界出口中的份额。按照这定义,一个国家部门 i 的出口份额如果大得不成比例(RCA 大于 1),就表明这个部门具有比较优势;如果该份额小得不成比例(RCA 小于 1),就表明这个部门具有比较劣势。

"……如果墨西哥在商品 j 上没有比较优势,并且不管有没有关税都不会出口该商品,那么对从墨西哥进口商品 j 征收高关税没有影响"(Hokobyan and McLaren,2016,第 730 页)。尽管人们对必须要解释比较优势抱有极大的热情,但是他们引入这一分析的形式相当武断。作为这些修正的结果,哈科巴扬和麦克拉伦的估计策略没有清晰的理论证明,他们的量化发现必须要非常小心地进行解释。考虑到这些局限性,人们可能只希望,他们的发现能够对 NAFTA 在影响美国地区劳动力市场中所起的作用提供了解释。

他们对不同教育水平工人的工资和非工资效应进行了估计:高中辍学者、高中毕业者、受大学教育者和受研究生教育者。对绝大多数工人来说,除高中辍学者之外,影响都很小或者不显著。在一个到 2000 年失去了所有进口保护的 CONSPUMA 中,从 1990 年到 2000 年,上述讨论的脆弱性指数每上升一个标准差,高中辍学者的工资增长率就下降 1.41%。然而,在最脆弱的 CONSPUMA 中,这些工人工资增长的下降累计达到了 8 个百分点,这是一个大得多的影响。另外,贸易自由化对脆弱地区的贸易部门和非贸易部门的低技术工人都有影响。

双重差分估计通常被用来评价贸易对地区结果的影响。在当前背景下,这种方法表述为如下类型的问题:两个地区之间结果变量——比如平均工资——的差别如何受到两个时期对外贸易条件——比如关税——差别的影响。因此,存在两个差分。为此,到目前为止本章所讨论的双重差分估计只阐述地区间的相对影响;如果不明确引入更具体的结构特征或强假设(详见下文),它们就不能用于总体结果的估计。托帕洛娃(Topalova,2007)非常有说服力地提出了这一点,她是最先使用这种方法研究贸易政策改革所导致的地区结果差异的学者之一。她的工作,包括托帕洛娃(Topalova,2010)的文献,检验了印度 1991 年的贸易自由化对贫困和不平等的影响,利用了部门构成的地区差异。并且,她明确提出:

> 重要的是注意到,这篇论文没有研究自由化对印度贫困水平的影响,而是研究了或多或少暴露于自由化下的地区的相对影响。因此,尽管自由化对提高或降低贫困率和贫困差距可能存在总体影响,但是这篇论文抓住了这样的事实,即这些影响在整个国家是不均等的,某个地区和社会的某个部门从自由化中获益更少(或受损更多)。(Topalova,2007,第 293 页)

托帕洛娃发现,按照就业来衡量其重要性,暴露于更大部门关税削减的农村地区(由于它们的部门构成)经历了更大的贫困增长,而暴露于更小关税削减的地区经历了更小的贫困增长。但是,她也发现,在城市地区,关税削减和贫困没有关系。而且,她没有在地区关税削减和地区不平等之间发现存在令人满意的显著关系。

汉森(Hanson,2007)同样指出了双重差分方法的局限性。他采用这种方法研究了墨西哥在对 20 世纪 80 年代早期的贸易自由化做出反应时,地区不平等的变化。通过估计墨西哥各州劳动力收入的分布,他发现,相对于更低地暴露于全球化的州来说,更高地暴露于全球化的州(用进口、外国直接投资和边境加工厂的多少来衡量)的收入分配向右变化(即高收入更加可能)。另外,暴露程度更低的州,相对于暴露程度更高的州,收入水平低于贫穷线的工资收入者的比例有所提高。

最近全球化的一个重要因素是中国的增长及其在全球化贸易体

系中的重要性提高,特别是在 2001 年中国加入世界贸易组织(WTO)之后。中国和美国在世界商品出口中的份额变化如图 7.1 所示。美国的份额从 1973 年占比 12.2% 下降到 2015 年的 9.4%,而中国的份额从 1973 年的 1% 上升到了 2015 年的 14.2%。中国占比的惊人的提高是生产率的快速增长和迅速提高的工业化推动的。

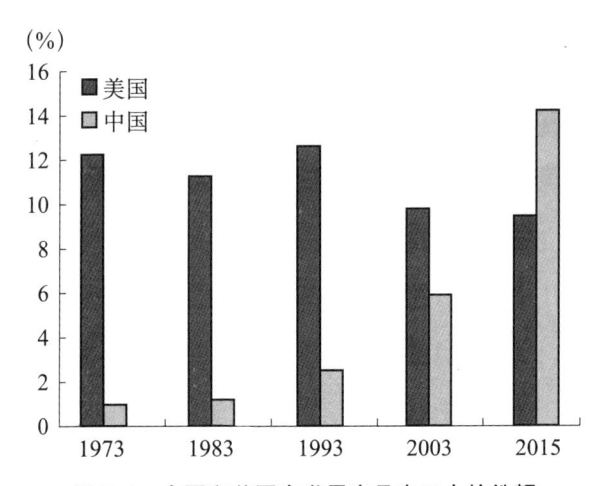

图 7.1　中国和美国在世界商品出口中的份额

资料来源:WTO(2016,表 A4)。

与美国类似,其他富裕国家在世界贸易中的份额也下降了。日本在世界商品出口中的份额从 1973 年的 6.3% 下降到了 2015 年的 3.9%,德国的份额从 1973 年的 11.3% 下降到了 2015 年的 8.3%。另外,某些中等收入国家的贸易地位保持不变,出口份额甚至有所提高。巴西的份额一直保持在 1.1% 左右,智利的份额从 1973 年的 0.2% 上升到 2015 年的 0.4%。另一个快速增长的国家是印度,其出口份额从 1973 年的 0.5% 上升到了 2015 年的 1.7%。①

---

① 这些数据来自 WTO(2016,表 A4)。在同一个出版物中,表 A5 提供了进口份额的估计。中国货物进口份额从 1973 年的 6.9% 上升到了 2015 年的 10.3%。

第 7 章　地区差异

中国世界贸易实力的提升在许多研究中得到了验证。奥托、多恩和汉森（Autor，Dorn，and Hanson，2013）考察了 1990—2007 年间其对美国地区差距的影响。运用 700 多个通勤区（commuting zones，CZ）作为观察单位，这是比哈科巴扬和麦克拉伦（Hakobyan and McLaren，2016）使用的 CONSPUMA 更小的观察单位，他们使用双重差分方法研究了中国出口迅速上升对工资、就业、失业和政府转移支付的影响。与沿该脉络进行的其他研究相似，他们使用了不同通勤区的部门构成的差异，估计识别出了中国出口对不同地区的影响。然而，与本章之前讨论的研究不同，为了构建地区贸易冲击，他们没有使用价格变化的估计。相反，他们使用了贸易量，用中国对其他富裕国家而不是对美国的出口来衡量。这种策略在根据赫尔普曼和克鲁格曼（Helpman and Krugman，1985）构建的垄断竞争模型中得到证明，将在第 8 章进行讨论。在这类模型中，中国的生产率提升扩大了在中国制造的产品的范围，进而提高了出口。

奥托、多恩和汉森的在线附录中提出的正式模型没有说明失业；它假定每个工人在某种可得职位上找到了工作。因此，难以评价估计方程与导致失业的劳动力市场摩擦一致的程度。另外，在特殊假定的帮助下，主要的估计方程被简化了。这些特殊假定包括不考虑比如美国与欧洲国家贸易的第三国效应，以便得出经验分析的方便形式［关于就业效应，见 Autor，Dorn，and Hanson，方程（2）］。最后，尽管对中国出口增长给出的恰当理由是制造业生产率的迅速上升，但是经验分析的工具没有使用对部门生产率的直接测量，而是采用这些部门对其他富裕国家出口的形式表示的隐含结果。

关于工资，奥托、多恩和汉森（Autor，Dorn，and Hanson，

2013)利用双重差分估计发现,在过去 10 年中,每个工人面临的从中国的进口每增加 1 000 美元,就会使一个通勤区的平均周收入降低 0.759 个记数单位(见 Autor, Dorn, and Hanson, 2013, 表 6)。① 然而,当独立估计这些差别对制造业部门和非制造业部门的影响时,他们没有发现对制造业部门工人工资的影响;因此,整个收入下降都发生在非制造业部门的工人中,他们绝大多数受雇于服务业。这个结果令人迷惑不解:因为美国从中国的进口集中于制造业,据估计它们对就业的负面影响应该很大,并且集中于制造业;它们对非制造业部门的就业没有可观察到的影响(见 Autor, Dorn, and Hanson, 2013, 表 7)。② 而且,非制造业工人中,大学毕业生收入的下降(0.743 个记数单位)仅稍微小于非大学毕业生(0.822 个记数单位)。奥托、多恩和汉森(Autor, Dorn, and Hanson, 2013)为这些发现提供了如下解释:

> 制造业工资不随就业下降的事实可能表明,制造业部门的工资存在向下的刚性,或者任何工资效应都被就业结构的变化掩盖了。然而,非制造业部门的工资下降表明,该部门受制于负的需求冲击——通过降低对非贸易服务的需求而起作用——和正的部门劳动力供给冲击——比如工人离开制造业到部门之外寻找工作——的共同作用。总之,这些发现表明,一般均衡

---

① 根据奥托、多恩和汉森(Autor, Dorn, and Hanson, 2013, 第 2139 页),"在 1990—2000 年间,每个工人面临的来自中国的进口额上升了 1 140 美元,而 2000—2007 年的 7 年间又增加了 1 839 美元。"

② 埃本斯坦、哈里森、麦克米伦和菲利普斯(Ebenstein, Harrison, McMillan, and Phillips, 2014)研究了部门结果,他们也没有发现进口竞争对美国制造业部门的工人工资存在显著影响。

> 效应在地方劳动力市场之内而不是之间起作用：制造业负的需求冲击降低了当地其他部门的工资，但是没有在更广的（非当地的）劳动力市场部门内部或部门之间扩散（第 2148 页）。

一般均衡效应对贸易结果来说的确很重要（见下文），但是它们在这篇论文和其他类似研究中没有得以说明。

尽管奥托、多恩和汉森发现中国的冲击对通勤区的人口水平差别没有显著影响，但他们的确发现了受影响更大的通勤区有显著更低的劳动参与率和更高的失业率，且集中于没有大学学历的工人中（见 Autor, Dorn, and Hanson, 2013，表 5）。大学毕业生和没有大学学历的工人之间的差距在非制造业部门尤为突出。在这一点上，通勤区内平均每个工人面对来自中国的进口增加 1 000 美元，非大学毕业生的就业就下降 0.53 个百分点，而大学毕业生的就业就提高 0.17 个百分点（尽管后一个估计值与 0 没有明显的差别）。他们还发现，在受影响更大的地区有更多的转移支付，形式有：贸易调整救济（trade adjustment assistance，TAA）、失业收益（unemployment benefits）、社会保障残疾保险金（social security disability insurance benefits），以及其他计划。每个工人面对来自中国的进口增加 1 000 美元，其得到的转移支付会增加 1.01 个记数单位，可以达到每人 58 美元。

贸易调整救济计划是为减轻进口竞争引起的伤害而设计的，因此受来自中国进口负向影响越大的 CZ 从这个计划中得到的转移支付越多，这一点也不令人吃惊。实际上，哈科巴扬和麦克拉伦（Hakobyan and McLaren, 2016）报告了同样的发现：作为北美自由贸易协定的结果，受来自墨西哥的进口竞争影响越大的CONSPUMA，TAA增长得就越多。然而，该计划数额很小，而且一直如此。奥托、多恩和汉森（Autor, Dorn, and Hanson, 2013）特别引人注目的发现是：从并非为处理进口竞争而专门设计的大得多的计划中得到的大额转移支付，在减轻受中国影响地区的相对损失方面发挥了显著的作用。

奥托、多恩和汉森（Autor, Dorn, and Hanson, 2013）解释了美国对中国出口的估计。他们发现，在构建对中国贸易冲击的暴露指数时，运用来自中国的净进口（即进口减出口）而不是总进口，会降低对美国制造业就业负向影响的25%。然而，这还没有考虑潜在重要的第三国效应。尽管美国的贸易逆差在不断上升（见Council of Economic Advisors, *Economic Report of the President 2016*），但是其进口和出口同时变化，由于这个事实的存在，不解释对其他国家的出口，关系就特别重大。

来自中国的进口对美国工资影响的更确切观点是由切特韦里科夫、拉森和帕尔默（Chetverikov, Larsen, and Palmer, 2016）提出的，他们运用了奥托、多恩和汉森（Autor, Dorn, and Hanson, 2013）的数据，检验了CZ内工资分布的第20分位数间的不平等。他们发现，位于低分位数的工人比位于高分位的工人受到的负面影响更大（见Chetverikov, Larsen, and Palmer, 2016, 图1）。而且，虽然在中间分位数之上的工人没能拒绝零效应的假设，但是对位于更低分位数的工人的影响却是负的。对第2、第3分位数估计出来的负面效应最大，大约为-1.4个记数单位，其与2000—2007年间遭受中国平均冲击的CZ 2.6%的收入下降一致。尽管很显著，但是这个相对工资下降不太大,不能够解释美国工资不平等的迅速上升。

美国之外的其他国家面对中国的崛起,受到的影响存在差别。德国是一个恰当的案例。多斯、芬代森和休德库姆(Dauth, Findeisen, and Suedekum, 2014)使用奥托、多恩和汉森(Autor, Dorn, and Hanson, 2013)的方法,考察了与中国及东欧苏联成员国许多国家迅速扩张的贸易对德国各地区的影响。尽管直到20世纪80年代后期,德国与中国和东欧的进出口还非常小,但是在20世纪90年代和21世纪前十年迅速增长。到2008年,贸易量都已经大幅度提高,与东欧国家的贸易量是与中国贸易量的两倍多(见 Dauth, Findeisen, and Suedekum, 2014,图1)。

这些作者发现,铁幕崩溃之后东欧的崛起对德国地方劳动力市场的影响远超过中国崛起的影响。在中国具有比较优势的部门,德国只是把原来的从其他国家进口转向了从中国进口,对德国本国几乎没有发生生产替代。而且,德国的出口也不与中国的出口直接竞争。这与东欧不同,东欧崛起的产业与德国的出口展开了直接竞争。另外,东欧成为德国出口者最有吸引力的市场,这增加了出口者所在地区的工作。对不同地区工资和就业的不同影响源于部门构成的差别:东欧进口竞争部门集中的地区,无论是制造业还是非制造业部门,都变得相对更糟了,而出口导向产业集中的地区,无论是制造业还是非制造业部门,就业都变得相对更好了。

多斯、芬代森和休德库姆(Dauth, Findeisen, and Suedekum, 2014)估计得出,在过去10年中,平均每个工人从东方(包括中国和东欧)的进口增加1 000欧元,就会使一个地区制造业就业对工作年龄人口的比例降低0.19个百分点，而同样的出口增加则会使该地区的同一比例增加0.4个百分点。① 奥托、多恩和汉森（Autor, Dorn, and Hanson, 2013）估计美国从中国的进口竞争的相应系数为0.596，当考虑到两项研究的货币差异（欧元对美元）和基准年份（2005年对2007年）时，该系数会上升至0.786。很明显，从中国的进口对美国制造业就业在不同地区的影响在边际量上远大于从东方的进口对德国不同地区制造业就业的影响。而且，来自中国的净进口对美国制造业就业负的边际影响是来自东方的净进口对德国制造业就业负的边际影响的两倍多（0.594对0.237；见第1657页）。由于东方崛起对德国影响的绝大多数是由于东欧国家的崛起，中国对德国的影响远小于对美国的影响。

从差异到总量

中国的崛起破坏了美国多少制造业工作？破坏了德国多少制造业工作？或者工作根本上被破坏掉了吗？奥托、多恩和汉森（Autor, Dorn, and Hanson, 2013）以及多斯、芬代森和休德库姆（Dauth, Findeisen, and Suedekum, 2014）的估计回答不了这些问题，因为双重差分方法只告诉我们一个地区相对于另一个地区有多少更多（或更少）的工作被破坏掉了。如果除了双重差分估计之外还有对一个特定地区就业影响的独立估计，那么该地区的就业结果与跨地区估计出来的变化合起来就能得出一个总估计。

---

① 在1988—2008年间，每个工人面临的进口增加了6 147欧元，而每个工人面临的出口增加了7 060欧元。

第7章 地区差异

为说明方便，假定一个国家有三个省，使用双重差分估计法估计出来的经济冲击对就业影响的差别如下：省 2 比省 1 多得到 100 000 个工作岗位（或者比省 1 少失去 100 000 个工作岗位），省 3 比省 1 多得到 300 000 个工作岗位（或者比省 1 少失去 300 000 个工作岗位）。如果我们对该冲击下就业的绝对变化一无所知，那么这些估计对冲击是提高了总就业、降低了总就业还是提高了一个省的就业、降低了另一个省的就业这些问题提供不了任何信息。然而，假定我们设法采用其他方法或数据估计出在省 2 的就业没有变化，那么，双重差分估计告诉我们，省 1 的就业下降了 100 000 人、省 3 的就业增加了 200 000 人，从而在净值上就存在 100 000 人的就业收益。相反，假定我们设法估计出了省 1 和省 2 总共失去了 200 000 人的就业，那么，双重差分估计意味着省 1 失去了 150 000 个工作岗位，省 2 失去了 50 000 个工作岗位（比省 1 少 100 000 个）。进而，省 3 必须得到 150 000 个工作岗位（总计比省 1 多 300 000 个）。因此，损失的工作总数为 50 000 个。最后，假定我们发现，省 3——该省遭受的就业损失最小或者获得的就业收益最大——没有受到该冲击的影响，其就业没有变化。那么，双重差分估计意味着省 1 失去了 300 000 个工作岗位，省 2 失去了 200 000 个工作岗位。在这些情况下，总共损失的工作岗位为 500 000 个。很明显，遭受负向影响最小的省份损失的工作越多，总共失去的工作岗位就越多。

奥托、多恩和汉森（Autor, Dorn, and Hanson, 2013）提供了对美国总体就业损失的计算，他们假定从中国的进口没有改变受影响最小的通勤区的就业（该假定隐含在他们的计算中），就像上面刚刚给出的那个例子。他们发现，在过去10年中，平均每个工人面对的进口增加1 000美元，就会使制造业就业占工作年龄人口的比例下降0.596个百分点（第2139页）。因为1990—2000年间每个工人面对的实际进口上升了1 140美元，2000—2007年间每个工人面对的实际进口上升了1 839美元，他们发现，在第一个时期，美国制造业就业占工作年龄人口的比例下降了0.68%，第二个时期下降了1.10%。这分别达到了那两个时间段制造业就业实际下降的33%～55%。利用同样的方法，多斯、芬代森和休德库姆（Dauth, Findeisen, and Suedekum, 2014）发现，在他们研究的从1988年到2008年的两个10年中，作为从中国和东欧国家进口涌入的结果，德国制造业就业下降占工作年龄人口的比例为1.17%，远低于对美国的估计。当然，多大程度上重视这些总量取决于人们如何看待拥有相对"最好"结果地区隐含假定的可靠性。正如我们在上面的例子中已经看到的，总量对这种假定非常敏感。

阿西莫格鲁、奥托、多恩、汉森和普赖斯（Acemoglu, Autor, Dorn, Hanson, and Price, 2016）采用另一种方法计算了来自中国的进口竞争造成的总体就业损失。为了解释一个代表性产业会采用另一个部门制造的生产投入品，他们的研究聚焦于部门联系的作用。为了达到这个目标，他们将重点放在部门层次上，使用300多个产业，这让他们既可以考虑每个产业的下游关系，又可以考虑上游关系。① 他们表明，当将部门联系融入分析后，所估计出来的进口竞

---

① 在通常的经济学术语中，上游是指为一个产业提供投入品的部门，下游是指向其出口投入品的部门。投入产出表被用来识别这些联系。

第 7 章 地区差异

争的影响要大得多。①

阿西莫格鲁、奥托、多恩、汉森和普赖斯（Acemoglu, Autor, Dorn, Hanson, and Price, 2016）还使用了跨通勤区的差分分析，以获得超越部门水平考察层次的影响。对于后者，他们将部门分为三类：遭受进口竞争的产业、不遭受进口竞争的贸易型产业、其他不遭受进口竞争的产业。② 运用奥托、多恩和汉森（Autor, Dorn, and Hanson, 2013）的方法，他们发现，在跨通勤区的变量中，来自中国的进口竞争影响了遭受进口竞争部门的就业差异，但对其他两个不遭受进口竞争的部门没有影响。后两个系数的估计不是很严密，不能拒绝它们等于零的假设（见 Acemoglu, Autor, Dorn, Hanson, and Price, 2016，表 7）。受这些发现的激励，他们假定不遭受进口竞争部门的绝对平均影响为零，计算出了总体的就业影

---

① 为了估计中国 2001 年加入 WTO 之后出口激增的影响，皮尔斯和肖特（Pierce and Schott, 2016）也进行了部门分析。然而，与阿西莫格鲁等（Acemoglu, et al., 2016）不同，他们使用了两种情形下的关税差距：一种情形是中国进口没有提供正常贸易关系（它给予一个国家在 WTO 最惠国条件下的关税水平）的商品面对的关税，另一种情形是正常贸易关系下实际面对的关税。既然这种身份逐年更新，那么不更新的风险就剥夺了中国对美国的出口［中国加入 WTO 之后就获得了固定的正常贸易关系（Normal Trade Relations, NTR）地位］。由于该差距在国家之间存在差别，皮尔斯和肖特就能够运用双重差分方法来估计该差距对各产业就业变化不同的影响。他们发现，部门之间存在相当大的差别：在 NTR 差距分布的第 75 分位数和第 25 分位数之间就业的差距下降了 0.08 个记数单位，大约为 8.3%。

② "我们对进口部门的限定涵盖了 1991—2011 年间预测进口额上升了至少 2 个百分点的所有制造业，也涵盖了以下所有产业（可能属于制造业，也可能不属于制造业），即 1991—2011 年间整个上游产业的预测进口额上升了至少 4 个百分点的产业……我们接着将非暴露部门分为贸易部门和非贸易部门。在我们的定义中，贸易部门是那些生产可贸易商品或物品的部门，特别是制造业、农业、林业、渔业和采矿业部门。我们将所有其他部门——包括服务业——都归为非贸易部门，然而必须承认，这种方法并非完美，因为有些服务也可以贸易"（第 s177～s178 页）。预测的进口额是从他们的两阶段估计过程的第一阶段方程计算出来的。

响。① 估计得出，1999—2011 年间总共损失了 240 万个工作岗位（见 Acemoglu，Autor，Dorn，Hanson，and Price，2016，表 8）。该估计结果相当大，它特别体现出了该国家特定部门的大量就业损失。然而，该总量结果对不面临进口竞争的部门既没有获得也没有丧失就业岗位的假定非常敏感。

要判断该估计值的大小，需要注意：在美国，1999—2011 年间，制造业就业减少了大约 600 万个就业岗位；并且，1999 年，在全部 1.29 亿个非农就业者中，制造业就业仅为 1 730 万个。② 1999—2011 年间制造业就业的减少是在全部就业增加了 300 万个就业岗位的背景下发生的。换句话说，估计出来的损失的 240 万个就业岗位占制造业就业下降的 40%，只是面临进口竞争部门中的有些产业不属于制造业。而且，失去的就业岗位是在过去十多年间逐渐成为事实的，相对于全部就业量来说很小。它相对于被雇用和离职的流量来说也很小。拉齐尔和斯普莱泽（Lazear and Spletzer，2012）报告指出，在 2007 年最后一个季度，美国经济中有接近 1 280 万人被雇用，有接近 1 220 万人离职（见 Lazear and Spletzer，2012，表 1）。这些数字使得 1999—2011 年间失去的 240 万个工作岗位相形见绌，在这期间每个季度平均失去 50 000 个就业岗位。③ 通过观察刚才这些总量数据，人们应该预期到，要不是这样一个事实，即：由于劳动力的

---

① 特别感谢达龙·阿西莫格鲁（Daron Acemoglu）在私人通信中阐明了这一点。
② 资料来源：Fred，http://fred.stlouisfed.org/search?st=employment，2017 年 5 月 28 日。
③ 戴维斯和冯·瓦赫特（Davis and von Wachter，2011）也报告了美国经济中由雇主引发的大规模离职。根据职位空缺和劳动力流动调查（Job Openings and Labor Turnover Survey，JOLTS），在 1990—2011 年间，在非农收入就业人员中，每个地区平均有 900 万人失业。

跨地区流动受限，产业地理集中使得调整变得痛苦不堪，来自中国的贸易冲击很容易被接受。

结构量化

结构模型提供了中国崛起对地区差距影响的另一个估计。结构模型详细说明了经济中各经济主体之间的所有关系。运用估计参数和校准参数的组合就能将其量化了。① 由于该模型是完全详述的，意味着它涵盖了所构建经济体的各个方面，它可用来进行反事实实验。具体说，它能回答如下问题：像关税或运输成本等某些贸易摩擦降低会产生什么影响？一个国家——比如说中国——生产率提高会对贸易伙伴产生什么影响？我们在第 6 章已经看到，李（Lee，2017）如何运用结构模型清晰展示了匹配对不平等形成的作用。然而，她的研究并不是针对地区结果差距展开的。

结构方法完全不同于本章到目前为止所讨论的研究中采用的计量经济学方法。其优势在于，它提供了洞察不同于实际结果的各种情景下可能结果——包括总量结果——的能力。这种方法的劣势在于，其答案高度依赖细节模型化，包括选择什么样的函数描述生产、消费或不同变量的统计分布。尽管这些函数的参数是估计的或校准的，然而函数形式是先验选择的。另外，校准迫使模型在解释特定目标（称作"时刻"）时，不考虑被排除在外的起作用的变量或机制。结果就是不存在残余变异（residual variation）。最后，计算约

---

① 校准参数的选择是为了确保模型适合特定的数据特征，通常被定义为数据中的"时刻"。

束经常限制了结构模型的规模。计量经济学方法不需要这样细致入微的承诺。但是,计量经济学方法不能用于可靠地估计反事实结果。尽管反事实结果描述的情形既不是过去观察到的,也不是将来可能观察到的,但它们能分离出专门机制的数量影响。由于这两种方法的优势和劣势,考察从两种方法中得出的一系列估计结果是有用的。①

卡里恩多、德沃尔金和帕罗(Caliendo,Dvorkin,and Parro,2015)采用动态结构模型研究了地区差距。在这个模型中,工人要么固定于某个地区的某个部门,要么失业。工人变更所在部门和地区是有成本的,取决于最初的部门-地区对、目标的部门-地区对及工人特定的随机成本部分。② 工人选择留在原来的地区部门或变换工作取决于他们对不同地区和产业未来预期收入的估计。这与前面讨论的地区劳动力市场不同。在那些讨论中,工人并非僵化地固定于所在地区。与那些讨论不同,他们必须承担估计的迁移成本。

地理区域包括美国的 50 个州和 37 个其他国家(这些国家中有一个是多个国家的加总)。共有 22 个部门:12 个制造业部门,8 个服务业部门,1 个建筑业部门和 1 个批发零售贸易部门。在每个部门-

---

① 一个直白的理论模型在有些情况下能够得出一个可以避免上面所讨论方法某些错误的估计式。阿西莫格鲁和雷斯特雷波(Acemoglu and Restrepo,2017)研究了工业机器人引入美国经济对通勤区(CZ)就业和工资的影响,表明了这一点。他们推导出了一个将机器人的部门渗透与通勤区就业水平关联起来的公式,并用它来估计对计算总就业损失必需的导出参数(该参数是该模型其他参数的函数)。然而,这个参数对此目的并不充分。因此,他们在分析中引入了从其他来源中得出的更多参数,这些参数与他们估计出来的参数一起用于计算总体影响。尽管这个方法使用了一个至关重要的直白理论模型,但是它不要求关于其细节的详细知识。

② 阿尔图奇、乔杜里和麦克拉伦(Artuc,Chaudhuri,and Mclaren,2010)研究了美国部门间流动的这类转换成本,发现其非常大。

第 7 章　地区差异

地区对中,存在一种部门专用的投入品。每个部门-地区对使用部门专用的投入品和地方劳动力生产中间投入品,也生产该地区生产的最终产品。最终产品既是中间投入品,也是消费品。跨地区运送中间投入品存在运输成本。很明显,该模型不能解释美国通勤区之间的结果差距,但是它能阐明美国不同州之间的差距。

卡里恩多、德沃尔金和帕罗沿着奥托、多恩和汉森(Autor,Dorn, and Hanson, 2013)提出的思路构建来自中国的冲击,并用其推断中国的部门生产率变化,在模型中,该变化产生了可以观察到的美国自中国的进口变化。然后,他们分别在引入和不引入这些生产率变化的两种情形下运行模型,将两种情形下得出的结果差异归因于中国的冲击。他们发现,相对于无论如何都会发生的下行趋势,中国的生产率提高逐渐减少了制造业就业(见 Caliendo, Dvorkin, and Parro, 2015,图 1)。

由于卡里恩多、德沃尔金和帕罗的模型包含整个世界经济,他们估计出来的反应不仅包括美国进口的变化,而且包括美国出口的变化。根据这些估计,在过去 10 年中,中国的生产率提高使美国制造业就业减少了 0.5 个百分点,或者 80 万个就业岗位。另外,这一生产率上升提高了服务业、批发零售业和建筑业的就业比例,足以抵偿制造业就业的下降。结果就是失业率略有下降,大约为 0.03 个百分点。廉价进口的中间投入品使得非制造业部门的就业提高。这些估计描绘了与其他研究的局部均衡估计完全不同的情形。

制造业中的就业下降高度集中于家具、计算和电子产品、材料和纺织品产业中。这在制造业规模缩小的过程中造成了地区差距。作为最大份额的计算机产业基地,加利福尼亚州遭受的损失最严重,其次是得克萨斯州。制造业就业遭受重大损失的其他州有宾夕法尼亚州、伊利诺伊州和北卡罗来纳州。也有一些州几乎没有遭受损失，像夏威夷州、蒙大拿州、北达科他州和南达科他州（见 Caliendo, Dvorkin, and Parro, 2015, 图 4）。

总量结果对失去工作的单个工人几乎毫无帮助。尽管卡里恩多、德沃尔金和帕罗的研究包括了部门和地区间工作转换的成本，但是没有尝试将就业与被替代工人的收入特征进行匹配。然而，这些特征对理解个人承担的成本是重要的，他们受降低收入或被迫变换工作的进口竞争或任何其他经济冲击的负面影响。奥托、多恩、汉森和宋（Autor, Dorn, Hanson, and Song, 2014）使用社会保障管理局的个人层面数据描述了这些特征。通过构建 1992—2007 年来自中国进口竞争产业层面的指标，他们发现，1991 年工人就业的产业面临的进口竞争越高，获得的累积性收入就越低，每个工作年度的收入就越低。另外，他们进一步采用社会保障伤残保险（social security disability insurance, SSDI）数据，得出的发现与奥托、多恩和汉森（Autor, Dorn, and Hanson, 2013）采用通勤区数据得出的发现相似。尽管这些工人更可能改变雇主和部门并且离开制造业部门，但是他们的空间流动受到限制。

在高度依赖劳力的工人中（他们在 1988—1991 年的收入超过按最低工资水平每年工作 1 600 个小时工人的收入），那些受雇于遭受中国冲击第 75 百分位数产业的工人与第 25 百分位数产业的工人之间，1992—2007 年的累积性收入变化的差距为他们初始年收入的 45.8%。这种收入损失主要是源于同一（两位数制造）产业最初雇主或新雇主收入的缩减。令人吃惊的是，"就业损失几乎完全被抵消了：受贸易影响的工人通过在最初的两位数产业之外的就业弥补了最初企业和产业的就业损失"（Autor，Dorn，Hanson，and Song，2014，第1825页）。

通过估计1988—1991年间对年均收入分配不同百分位数上工人的影响，奥托、多恩、汉森和宋发现，工人所处的百分位数越低，其受到的负面影响越大。处于第1百分位数上的低工资工人受雇于来自中国进口竞争第75百分位数的制造业，其与第25百分位数制造业中的相似工人相比，在1992—2007年间遭受的额外收入损失等于他们初始年份收入的1.2倍。对第2百分位数上的工人，影响大约有一半；对第3百分位数上的工人，影响实际上为零。换句话说，面对中国的崛起，高工资工人几乎没有遭受有差别的累积性收入损失。

本章得出的主要结论是：地区差距受全球化的影响非常显著，即使具有相同特征的工人间的不平等变化非常小。而且，外部冲击对某些地理区域的负向影响高度集中，只与最初受雇于受影响最大产业的个人受到的负向收入影响的高度集中相一致。也就是说，尽管总体影响不是很大，但是如果考虑到区位、所就业的产业和最初收入，个人受到的影响确实很大。

第 8 章 企业特征

到目前为止所讨论的研究中,单个企业的特征不起显著作用。在传统的研究对外贸易的方法中,部门是分析单位,对产业内企业的性质不做专门讨论。结合规模报酬不变和企业缺乏市场力量两个假定,学者们能够将部门特征和禀赋刻画为比较优势的推动力量。沿着这条思路,学者们避免了处理单个企业的需要。

然而,从 20 世纪 80 年代早期开始,作为对两组新经验事实的回应,这种方法得以修正:第一,大量贸易发生在具有相同要素构成的国家之间的部门内部(比如服装的双边进口和出口);第二,不仅厂商在产业内是异质的,而且企业特征能够预测对对外贸易的参与(见 Helpman,2011,第 4、5 章)。这些观察通过将厂商置于分析的核心位置而使得贸易理论发生了革命,这种新颖的方法产生出了能用于解决大量现实问题的模型,包括全球化和不平等之间的关系。

第 8 章 企业特征

规模效应

在 20 世纪 80 年代早期的第一波研究浪潮期间，多种市场结构都得到了研究，垄断竞争很快就成为贸易模型的主要特征。按照这种观点，一个典型的部门存在许多具有有限市场力量的企业。有限市场力量源自产品差异和企业特有的规模经济（见 Helpman and Krugman，1985）。也就是说，每个企业制造一种具有独一无二特征的产品，可能是最终产品，也可能是中间投入品，但是这些产品之间具有非常好的替代性。比如，衬衫在颜色和款式上可能不同，消费者对衬衫的偏好也可能不同，或者他们可能喜欢穿各种颜色和款式的衬衫，而不是每天都穿同一款式的衬衫。结果就存在对多样性的需求。然而，每个品牌的某种产品都需要一些固定的生产成本。这些成本可能源自发展特定设计的投资，或者要制造某个设计出来的产品必须对技术进行投资，或者源自与日常运行相关的固定成本。许多企业只有在固定成本不太大的时候才进入该产业。每个企业都有自己的品牌，但是其市场力量受限于其他许多竞争性品牌产品的可得性。在位企业将使其价格高于单位制造成本，进入者的数量将达到这样一点，即在位企业的运营利润恰好超过其固定成本。在这种情况下，企业赚取的利润为零。

这些思想最初是由张伯伦（Chamberlin，1933）提出来的，后来斯宾塞（Spence，1976）、迪克西特和斯蒂格利茨（Dixit and Stiglitz，1977）有效地进行了公式化。后者为多种差异产品引入了不变替代弹性偏好函数，并且该公式在文献中被广泛应用。与第 3

章讨论的高技术工人和低技术工人间的替代弹性类似，消费偏好的替代弹性表示相对数量对相对价格变化的反应。比如，如果黑色鞋子和棕色鞋子之间的消费替代弹性等于2，其意思就是，当黑色鞋子的价格相对于棕色鞋子的价格提高1%时，黑色鞋子的消费量相对于棕色鞋子的消费量就下降2%。这个公式的优势是，它提供了需求弹性的一个简单参数表达式，其等于替代弹性。进一步地，这个替代弹性也代表了对产品多样性喜爱的指数：这个弹性越小，各种品牌的某种产品相互间的可替代性就越小。这是因为：相对需求对相对价格变化反应越不灵敏，多样性对消费者就越有价值。

一个封闭经济体越大（有越多的投入），固定成本越低，替代弹性也越低的话，它就会颁发越多的商标——因此也就拥有越多的企业。当有差异产品的品牌用于中间投入品时，多样性、企业数量、经济规模、固定成本和替代弹性之间的相似关系也成立。

这种方法被融入贸易理论。[1] 与部门之间的要素密集度不同、国家之间的要素禀赋不同结合在一起，该理论产生出了大量的对外贸易模型。规模经济和垄断竞争之间的相互作用产生了产业内贸易和相似国家之间的大量贸易，这与现实证据一致（见 Helpman and Krugman，1985）。然而，这些研究的作者们假定，在每个部门内部，所有的企业都有相同的技术，这独立于有差异产品各自的品牌。结果，他们不能解决与企业异质性相关的问题，比如贸易对企业规模分布的影响。为探索与企业异质性相关的问题而做出的进一步发

---

[1] 关于该贸易理论的最初贡献，参见 Krugman（1979），Lancaster（1979，第10章），Dixit and Norman（1980，第9章），Helpman（1981）和 Ethier（1982）。

展直到2003年才出现（见下文）。

早在20世纪80年代，学者们就已经广泛意识到，当对外贸易提高了消费者和生产者有效的多样性选择时，得自贸易的收益会增大，因为多样性选择是规模报酬递增的源泉。在生产方，中间投入品更大的多样性选择提高了全要素生产率，并且更大的部门能够获得更多的中间投入品；在需求方，在将固定数量的金钱用于产品消费时，有差异产品的更多品牌类型提高了效用。埃皮法尼和甘恰（Epifani and Gancia，2008）指出，在貌似真实的指标约束下，规模经济也能够影响技能溢价。为阐述清楚，他们发展了一个垄断竞争模型，其中，每个国家生产有差异的中间投入品，有两个部门：高技能密集部门和低技能密集部门，每个部门都使用高技能工人和低技能工人。在需求方，这两个部门生产的消费品的替代弹性被假定为大于1；在供给方，各部门为生产最终产品而专用的中间投入品被假定为不变替代弹性生产函数。

部门专用的中间投入品的替代弹性在部门间存在差别。特别是，低技能密集部门的替代弹性被假定大于高技能密集部门；并且，这两个部门的替代弹性都被假定为大于两种最终产品消费的替代弹性。[①] 埃皮法尼和甘恰还假定，由于存在固定成本、使用技术工人和非技术工人、中间投入品的生产者致力于垄断竞争，中间投入品的生产存在规模报酬递增。

埃皮法尼和甘恰研究了两个国家间的贸易对技能溢价的影响；

---

① 这些假定排除了消费中的固定支出份额或可变生产成本中的恒定成本份额，而这通常是为了方便讨论，但是要求替代弹性等于1。

这两个国家，一个是高技能工人丰裕的国家，一个是低技能工人丰裕的国家。他们识别出了两个相关的效应：规模效应和要素禀赋效应。规模效应源于贸易一体化扩大了市场规模的事实，提高了每个国家的技术工人相对于非技术工人的工资。要素禀赋效应对两个国家的影响相反：通过大家熟悉的斯托尔珀-萨缪尔森机制（对该效应的讨论详见第2章），它提高了高技能工人相对禀赋较高国家的技能溢价，降低了低技能工人相对禀赋较高国家的技能溢价。在这些条件下，当规模效应与斯托尔珀-萨缪尔森效应相比更大的时候，技能溢价在两个国家都会提高。

然而，当消费替代弹性等于1（支出份额恒定）或者生产的替代弹性在两个部门相同时，规模效应消失。很明显，假定这些弹性的大小存在差别，对规模效应得出技能溢价非常重要。消费品间的替代性越高，低技能密集部门的生产替代弹性越大，高技能密集部门的生产替代弹性越小，则规模效应越大。

生产替代弹性的重要作用来自这样一个事实，即它们影响一个产业的产出对总投入的弹性。在埃皮法尼和甘恰（Epifani and Gancia, 2008）发展出来的那类垄断竞争模型中，在产业层面上存在两个规模经济的潜在来源。首先，致力于中间投入品制造的各个企业存在规模经济。一个产业能够获得的资源数量增加引起每个企业产出的扩大，会降低单位成本。然而，这一机制在他们的模型中失效了，因为每个企业的产出并不对部门的规模做出反应。其次，存在产业规模对生产者可获得的中间投入品范围的影响；部门越大，通过市场进入可获得的中间投入品就越多。尽管对于给定数量的中间投入品，更多的资源会成比例地提高产出，但是通过中间投入品数

第8章 企业特征

量上升带来的全要素生产率提高可以获得更多产出。而且，生产过程中，中间投入品之间越不具有替代性，这种生产率效应越大。这确实是埃皮法尼和甘恰模型中规模效应的来源。

为证明低技能密集部门中间投入品的替代弹性更大这个假说，埃皮法尼和甘恰（Epifani and Gancia, 2008）检验了部门之间技能密集度和规模弹性之间相关性的证据，其中规模弹性反映了一个部门对所运用资源一定比例的上升能带来的产出上升的百分比。在规模报酬不变的部门，规模弹性等于1；在规模报酬递增的部门，规模弹性大于1。他们发现，二者存在正相关关系。也就是说，技能密集度越高的部门，规模经济越大（见 Epifani and Gancia, 2008, 图1）。

在这个发现的支持下，埃皮法尼和甘恰进一步检验了市场规模扩张对技能溢价的影响。特别有意思的是他们对两个技能溢价指标的估计：首先是制造业中非生产型工人相对于生产型工人的工资；其次是根据明瑟工资方程（见 Mincer, 1974）估计出来的教育回报。[①] 运用衡量经济规模的一系列替代指标，比如一个国家的GDP、贸易开放度以及采用贸易开放度作为权重加权国内规模与贸易伙伴规模的两个合成指标，他们发现，经济增长率越高的国家，技能溢价上升越大，技能溢价采用明瑟教育回报或非生产型工人的相对工资衡量都是如此。[②] 这些发现表明，工资不平等的上升部分是由于市场规模的扩张，

[①] 教育回报的明瑟估计是在控制了例如经验和性别等其他工人特征的条件下，通过回归工资对数与教育年数的关系得出的。

[②] 数据范围在这两种情形下并不相同。教育的明瑟回报是基于40个国家得出的，不同国家观测值的年份从1962年到1995年，有所差别。制造业技能溢价是针对35个国家1980—1990年的数据得出的。特别感谢吉诺·甘恰（Gino Gancia）在私人通信中阐明了这些观点。

既是国内增长的结果,也是全球化的结果。不幸的是,这些估计不能用于评价不平等的上升在多大程度上是通过这种通道由全球化造成的。

企业异质性

作为对20世纪90年代采用之前无法获得的数据库发现的新模式的反应,企业异质性被引入了贸易理论。在这些数据中,各个产业内部的企业在生产率和规模上都表现出了实质上的异质性,并且只有一部分企业出口。另外,出口企业与非出口企业存在系统性差别,出口企业更大、生产率更高。伯纳德和詹森(Bernard and Jensen, 1995, 1999)在美国的数据中发现了这些特征,后续的研究在其他国家或地区也确证了这些特征。这些国家或地区包括加拿大、哥伦比亚、法国、墨西哥、摩洛哥、西班牙和中国台湾(见 Helpman 2011,第5章)。在更近的研究中,进口企业也发现了相似的特征。2007年,在美国只有35%的制造业企业出口,只有20%的制造业企业进口。同一年,出口企业和进口企业雇用的工人比其他企业雇用的工人多两倍;它们的附加值分别高出21%和32%;它们支付更高的工资,雇用具有更高技能的工人(见 Bernard, Jensen, Redding, and Schott, 2016,表3和表4)。

梅里茨(Melitz, 2003)构建了解释这些出口特征的权威模型,相同的思想也用于解释进口特征。[1] 在梅里茨的模型中,劳动力是

---

[1] 一个影响力稍差的替代模型是由伯纳德、伊顿、詹森和科图姆(Bernard, Eaton, Jensen, and Kortum, 2003)提出来的。然而,有意思的应用要参见 Burstein and Vogel (2017)。

第8章 企业特征

同质的，企业家为获得制造技术提前支付"进入"成本。"进入"成本可能包括产品设计的研发支出、发展恰当生产技术的支出，或与建立工商企业相关的支出。然而，重要的是，这些企业的生产率在进入阶段是不确定的。在那个阶段，企业家只知道生产率的统计分布，并且在进入成本沉没之后才知道生产率水平。

一个企业的经营战略在进入之后才形成，那时已经知道技术的生产率。在那个阶段，继续经营必须要承担固定的经营成本，比如办公场所的租金成本、基本员工的成本，而这些并不依赖于生产规模。因此，只有具有足够高生产率水平的企业才会盈利，而生产率水平较低的企业不会盈利。特别是存在一条生产率的止损线，在该条线上，所有生产率较低的企业通过关闭企业而止损。继续经营的企业服务国内市场，但是也可以选择出口。然而，出口就必须要承担在每个目标国家保留市场的固定成本。为此，只有生产率水平足够高的企业才能够通过出口获利，而其他企业的最优出口战略将不能产生足够的经营利润以负担固定的出口成本。因此，存在一个止损的生产率水平。在该水平上，只有生产率更高的企业才能发现出口是有利可图的。当出口止损线高于国内止损线时，是否出口的选择将产生具有如下特征的部门结构：低于出口止损线的生产率较低的企业只服务于国内市场；而生产率较高的企业既服务于国内市场，也会出口一部分产品到国外市场。总之，并非所有的进入者都会继续经营；在继续经营的企业中，只有生产率更高的企业才会出口，而其他生产率较低的企业只服务于国内市场。这个模型与数据得出的主要特征完全相同：出口企业比非出口企业更大、生产率更高。

在这个模型中，贸易自由化提高了出口的利润，这会诱使出口商扩大产量，并对外销售，在一定程度上将激励接近出口止损线的低生产率企业开始出口。出口止损线下降，出口商增加对国内投入品的需求。既然出口商会与国内企业竞争本地资源，国内投入品的成本就会上升，因而会降低非出口企业的利润。利润率的下降使得生产率最低的企业——即那些处于盈利边缘的企业——陷入亏损，国内生产率止损线提高。结果，出口企业的比例提高。另外，产业的平均生产率提高，既是因为生产率最低的企业退出，也是因为具有更高生产率出口商的市场份额提高。由此带来的生产率收益可能是巨大的。例如，在1989年加拿大-美国自由贸易协定签署并实施后，加拿大制造业部门的劳动生产率由于出口商的扩大提高了4.1%，并且由于产业中生产率最低的厂商的收缩和退出又提高了4.3%（见 Melitz and Trefler, 2012, 表2）。①

在梅里茨最初的研究中，所有工人都被假定为完全相同的，不管他们是被高生产率企业还是低生产率企业雇用、被出口商还是非出口商雇用，都得到相同的工资。为此，国际贸易影响工资水平，但是不影响工资不平等。然而，后续的研究通过丰富该研究框架，将企业的异质性与形成工资分配的机制结合起来，目的是检验全球化如何影响工资不平等。

运用存在垄断竞争的单部门模型，桑普森（Sampson, 2014）探讨了异质性企业和异质性工人之间的匹配在形成工资不平等中的作用。在需求方，他假定消费者对不同品牌的有差异产品间的偏好为不变替代弹性。在企业方，他采用了梅里茨（Melitz, 2003）的假

---

① 对于该模型及其拓展的综述见 Melitz and Redding (2014)。

定：进入者承担固定的先期成本；他们面临着与其技术质量相关的不确定性；企业家一旦知道技术的性质，就要决定是否继续留在该产业，并且如果留在该产业，就要决定是否出口。然而，桑普森没有采用所有工人都相同的假定，而是假定他们的能力存在差别。与第6章讨论的匹配模型使用的假定相同，他也假定某一种产品的产出水平与制造业工人的数目成比例，其中的比例因子，即生产函数，取决于工人的能力和技术的质量（生产率）。该生产函数被假定为对数超模的。结果，工人和企业之间存在正向的分类匹配：生产率越高的企业雇用能力越高的工人。

在位企业的技术范围是由国内止损线决定的，但是出口止损线及由此产生的出口选择也在形成企业-工人匹配中发挥重要作用。匹配的模式又决定了工资的分配。既然在位企业的生产率分布及其经营战略是内生的，其工资分布也是内生的，由此造成的工资不平等也是内生的。与第6章讨论的匹配类似，这里更好的匹配也与更高的收入不平等相关。

要理解该经济体中贸易对不平等的影响，必须要揭示全球化如何影响了继续留在该产业的企业的生产率。桑普森首先考虑了一个对称国家的简化世界，只具有非常低的固定出口成本，从而使得所有在位企业都能出口。在这种情况下，贸易导致了留在该产业中的生产率最低企业的生产率水平提高，造成了在位企业生产率分布的向右移动（也就是越有可能使得生产率水平更高）。他接着表明，生产率的这一变化导致了工人和企业间的再匹配，改善了所有工人的匹配。结果，工资不平等在整个收入分布中提高。尽管所有企业都出口的情形不现实，但是有助于分离出全球化提高工资不平等的机制：主动技术分布的转变。结论就是:"……在足够高的贸易一体化水平上（其激励所有企业都出口），所有工人的工资不平等通常要比自给自足情形下高得多"（Sampson，2014，第176页）。

如果固定出口成本没有低到诱使所有企业都出口，就存在其他原因推动了不平等：在出口生产率止损线周围，企业的劳动力需求不连续。这种不连续的出现是因为要支付固定的出口成本，在该生产率水平上，出口的企业必须在规模上比不出口的企业大得多。尽管桑普森没能得出该情形的分析结果，但是他采用模拟证实了该直觉，即在这些情形下，全球化对不平等具有更加细致的影响。

首先，桑普森发现，贸易提高了出口商雇用的工人——这些工人位于工资分布的上尾部——之间的不平等。其次，当生产率最低的在位企业的生产率提高时，它提高了工资分布最低端的工人之间的不平等。然而，贸易有时候可能会降低生产率最低的在位企业的生产率水平，在这种情形下，贸易一体化可能会降低低能力工人间的不平等。最后，当可变贸易成本下降时，不平等会提高，但是它会随固定出口成本的下降呈倒U形。也就是说，不平等先提高后下降。[1]

这种倒U形源于这样的事实，即经济体不出口时和所有企业都出口时的工资分布类似。但是，在这两者之间，当只有一部分企业出口时，出口扩大了高生产率的出口企业和只服务于国内市场的低生产率企业之间的工资差距。结果，只有一部分在位企业选择出口

---

[1] 一旦固定出口成本低到足以引起所有在位企业都出口，可变贸易成本对不平等就没有影响，固定出口成本越高，不平等就越大。

的贸易导致了比自给自足或所有企业都出口情形下都严重的不平等。

量 化

通过桑普森（Sampson，2014）提出的机制，全球化在多大程度上影响了不平等？尽管还没有这方面的估计，但是伯斯坦和沃格尔（Burstein and Vogel，2017）在一个定量模型中运用反事实分析研究了贸易对不平等的影响。在这个定量模型中，企业的特征和工人的特征都是不同的。工人被加总成两类：低技能的和高技能的。产品的数量是外生的；具有不同生产率的中间投入品的生产者致力于伯特兰竞争（Bertrand competition），就像伯特兰、伊顿、詹森和科图姆（Bernard，Eaton，Jensen，and Kortum，2003）所采用的。① 尽管伯斯坦和沃格尔考虑到了平均要素密集度在部门间存在差异，但是在他们的设计中，在同一产业经营但生产率水平不同的中间投入品生产者的要素密集度也存在差别［见他们的方程（3）和（13）及后文的讨论］。在他们的参数约束下，在一个产业中，生产率越高的企业雇用的高技能工人相对低技能工人越多。事实上，企业生产率（或规模）与技术工人的相对运用之间的正相关关系已经得到证明，伯纳德、詹森、雷丁和斯科特（Bernard，Jensen，Redding，and Schott，2016）提供了美国的证据；沃霍根（Verhoogen，2008）提供了墨西哥的证据；布斯托斯（Bustos，2011b）提供了阿根廷的

---

① 进行伯特兰竞争的企业会对竞争者的价格做出反应。当多个供应者提供了相同的产品且生产的边际成本不随产量变化时，博弈论的结果是，成本最低的企业收取的价格等于次低边际成本且供应整个市场。

证据；哈里根和雷谢夫（Harrigan and Reshef, 2015）提供了智利的证据。

与作为伯特兰竞争结果的出口选择结合在一起，为回应贸易自由化，部门内部生产率更高的企业的更高技能密集度提高了对技术工人的相对需求。在这些条件下，即使全球化提高了技能溢价，也能够增加产业内技术工人的相对就业。为此，全球化导致了技能溢价的普遍提高，并因此提高了工资不平等，在发达国家和发展中国家都是如此。尽管斯托尔珀-萨缪尔森机制放大了富裕国家技能溢价的提高，平缓了穷国技能溢价的提高，但是在伯斯坦和沃格尔的框架中，工资不平等在所有国家都可能提高。然而，问题是，这种理论上的可能性能否形成数量上可测量的结果？

伯斯坦（Burstein）和沃格尔（Vogel）的国际贸易模型包含60个国家和1个包含世界经济其余部分的地区，大量的贸易部门，以及大量不从事对外贸易的服务部门。正如上面解释的，在各部门内部，企业被假定为异质的，生产率越高的企业雇用的高技能工人相对低技能工人的数量越多。他们将模型校准到2005—2007年的数据。保持禀赋和技术恒定不变，他们运用该模型进行了反事实实验。在一个实验中，贸易成本被提得非常高，以至使得所有国家都只能自给自足。自给自足和2005—2007年结果的差别提供了对全球化影响的估计。

重要的是，在这个反事实实验中，技术工人和非技术工人都从贸易中获益；也就是说，从自给自足转向贸易提高了全球所有类型劳动力的实际工资。而且，在除俄罗斯之外的所有国家，由贸易而使得技术工人工资提高的比例高于非技术工人工资提高的比例。结果，采用技术工人与非技术工人工资比率来衡量的技能溢价，在几乎所有国家都提高了（见 Burstein and Vogel，2017，图 2）。这意味着，斯托尔珀-萨缪尔森效应被产业内的再分配——包括选择出口——推翻了。但是，技能溢价的提高在国家之间存在差别，技能密集型产品净出口的经济体越开放，技能溢价提高越大。技能溢价的提高在立陶宛最大，达到 12%，而平均值仅为 5.1%。技能溢价在美国提高了 2%，在巴西提高了 0.5%。

比较两种情况下技能溢价的变化，一种情况是从 1975 年至 1977 年转变为自给自足，一种情况是从 2005 年至 2007 年转变为自给自足，并使用这两种情况下的差别作为 1975—1977 年到 2005—2007 年基于模型的技能溢价提高的估计，结果也表明，技能溢价普遍提高。菲律宾提高最大，为立陶宛从自给自足转变为 2005—2007 年技能溢价提高的一半多一点。这一结果与之前的数量分析表明，部门内异质性、选择出口和要素比例合起来对工资不平等上升的贡献可能很显著，然而也很适中。

在伯斯坦和沃格尔对中国冲击的分析中也得出了相似的结论。他们考察了中国全要素生产率提高的影响，中国占世界产出的份额从 8%（中国 2006 年的份额）上升到了 20%，这是一个特别大的变化。他们发现，在他们的模型中，中国的产出份额扩大提高了他们所研究的 59 个样本国家中的 55 个国家的技能溢价，但是在要素跨部门自由流动的假定下，只有非常少的国家提高了技能溢价。在要素流动受限制的替代假定下，这被认为是代表了短期效应，技能溢价提高了大约 3 倍，但无论如何仍然很小（见 Burstein and Vogel，2017，图 6）。

增 长

经济中异质性工人和企业的分类与匹配也被用来研究全球化对增长和不平等的影响。主要的思想是：增长和不平等都会对贸易开放做出反应，并因此在长期中都是内生的。这个观点是由格罗斯曼和赫尔普曼（Grossman and Helpman，2017）提出来的，这与不平等影响增长或增长影响不平等的观点不同（见 Helpman，2004，第6章）。这并非否定在转向长期增长通道期间，现在的不平等会暂时影响未来的增长或现在的增长会暂时影响未来的不平等；相反，观点是：增长和不平等最终是由世界经济的基本特征共同决定的。这些特征包括创新技术及其使用的专用资源、将研发实验转化为可用知识的能力以及国际贸易体制的特征。

在格罗斯曼和赫尔普曼的框架中，个人的能力存在差别；他们要么在制造业中就业，要么在创新部门就业，也就是说，他们要么是思想的使用者，要么是思想的生产者。在制造业中，工人与生产各种中间投入品的异质性企业进行匹配，这些企业之间展开垄断竞争。中间投入品生产最终消费品。在思想创造部门，工人与异质性实验室匹配，这些实验室生产新品种的中间投入品。制造业部门的企业家购买创新者的服务来发展新品种的中间投入品，但是制造这种投入品的技术的生产率只有在研发服务的成本沉没之后才能知道。研发部门的企业家为其研究计划租用实验室，实验室的生产率只有在实验室的成本沉没后才能知道。换句话说，两个部门的企业家都面临风险投资。制造可用中间投入品的范围随着新的多样性品种的发展而变化。

制造业部门的运行与桑普森（Sampson，2014）描述的相同，只是不存在固定的运营或出口成本。为此，每个拥有专用中间投入品技术的企业都保持主动，当贸易可行的时候就对其他国家出口。在创新部门，由实验室创造的新中间投入品的数量取决于实验室的生产率、实验室所雇用工人的能力和数量以及该国家可用知识的存量——就像罗默（Romer，1990）及格罗斯曼和赫尔普曼（Grossman and Helpman，1991a，b）中所讨论的。可用知识存量可根据该国家积累的创新经验而变化，也可能根据某种贸易体制中其贸易伙伴积累的创新经验而变化。一个国家从其他国家的研发投资中得到收益的多少在各贸易伙伴中存在差别，这些溢出的模式被假定为外生的。①

制造技术和研究实验室的生产函数被假定为对数超模的，在工人能力和雇主生产率或复杂程度之间呈现互补性。结果就是在制造业部门和创新部门都存在工人和雇主之间的正向分类匹配。格罗斯曼和赫尔普曼还假定，对于每对工人来说，高能力工人在创新上有比较优势。在这些条件下，能力高于门限值的工人被归类到创新部门，能力低于门限值的工人被归类到制造业部门。然而，门限值是内生的，在增长和不平等的关系中发挥关键作用。门限值越低，意味着越多的工人被创新部门雇用，会带来越快的增长。这也意味着，匹配对所有工人都有改进，这与他们受雇于哪里无关，进而导致了工资不平等的普遍提高。门限值、增长率和工资不平等之间的关系

---

① 国际研发溢出效应的估计相当大，相关综述见 Helpman（2004，第5章）。

对理解接下来的结果非常重要。

格罗斯曼和赫尔普曼（Grossman and Helpman，2017）研究了国际研发溢出存在与否的经济，也研究了国际资本流动借贷形式存在与否的经济。他们发现，存在国际研发溢出时，长期结果不依赖于资本流动。对于这种情况，可以得出许多重要的发现。第一，全球化加快了所有国家的经济增长，并带来了增长率的收敛，这与格罗斯曼和赫尔普曼（Grossman and Helpman，1991b）中的内生增长结果一致。当国家从贸易伙伴的研发溢出中受益时，他们的可用知识存量增加、创新成本下降。结果，工人归于创新部门的能力门限值下降，带来了每个国家更快的增长和更大的工资不平等。也就是说，全球化既提高了增长，又提高了不平等。第二，在全球化的世界中，每对国家研发溢出的提高都加速了整个世界经济的增长，提高了每个地方的工资不平等。第三，在全球化的世界中，任何国家研发补贴的提高都提高了相对其他国家的工资不平等，并带来了每个地方更快的增长。这些结果都强调了全球经济中各国之间很高的相互依赖程度。全球化不仅导致了贸易上的相互依赖，而且导致了增长和不平等上的相互依赖。

当不存在国际研发溢出时，一个国家可用的知识存量是由自己积累的研发经验和将这种经验转化为可用知识的效率决定的。在这些条件下，长期结果取决于国际资本流动是否可能。在只有货物贸易的全球经济中，格罗斯曼和赫尔普曼发现，在自给自足条件下增长最快的国家将按照自给自足的增长率增长，不平等的程度与自给自足下相同。换句话说，这种国家的长期增长和不平等不受国际贸易的影响。但是，对其他国家来说，结果有很大差别。它们在全球化世界中比在自给自足下增长更快,但是不平等程度与自给自足下相同。同时,它们创新的速度也与自给自足下相同。这些国家无须改变本国的创新速度而通过承载世界上创新最快国家的创新速度就可以从更快的增长中获益。贸易能够使它们进口创新最快国家发明的中间投入品,并因此提高了它们自己全要素生产率的增长速度。

在一个没有国际研发溢出、只有货物贸易且能够进行国际资本流动的世界,格罗斯曼和赫尔普曼发现,与前面相同,自给自足下创新最快国家的增长率和不平等程度与自给自足情形下相同。但是,在这种体制下,所有其他国家都比自给自足下增长更快而不平等程度更低。

在这个框架中,全球化加快了增长。这个结论适用于存在国际研发溢出且货物和资本市场完全一体化的全球化,也适用于只有货物市场一体化的部分全球化。如果存在国际研发溢出,全球化会提高所有国家的不平等。但是,如果不存在这种溢出,仅有货物市场一体化时,全球化不影响不平等;当货物市场和资本市场都一体化时,全球化降低了不平等。然而,这些仅是理论发现,还没有相应的经验证据。

第9章 技术选择

第8章描述了异质性工人与异质性企业匹配且企业只有在投资产品开发后才能发现技术生产率时，全球化对工资不平等的影响。这些匹配的性质决定了工资函数的斜率，进而决定了不平等。在这种情形下，对外贸易通过影响工人归类于不同活动及那些活动中的技术分布而改变不平等，进而又激励了工人和企业间的再匹配。然而，企业不能为获得更好的技术或改进可得的技术装备而投资。

在第9章中，我首先讨论当工人是异质的且企业可在不同质量的技术之间进行选择时出现的工资不平等。这些技术选择提供了灵活性，使得企业家和工商企业能够就技术和采用技术的工人类型做出联合决策。另外，我讨论的经济环境是，技术变化的特征由工商企业选择，并用于补充专用生产要素。这对于理解全球化如何改变发明者的激励以瞄准特定的创新形式特别重要，因为它提供了一种机制，通过其全球化可以引发技术变化以影响工资。在这些条件下，难以分辨出工资不平等的哪些部分是由技术引起的、哪些部分是由贸易引起的。①

选择工人和技术

技术和工人能力联合选择的早期分析是由耶普尔（Yeaple，2005）做出的。在他的模型中，工人的能力存在差别。传统部门供给同质产品，不存在技术选择，并且劳动生产率随着工人能力的提高而提高。相反，发达部门可以得到两种技术，供给多种有差别的产品，并且操作其中一种技术的工人的能力越高，劳动生产率越高。用劳动生产率衡量，其中一种技术在所有能力水平上都优于另一种，但是更好的那种技术需要更高的固定运行成本。为生产一种品牌的有差别产品进入发达产业的企业，能够选择其中一种技术或另外一种技术。最后，能力更高的工人被假定在发达部门具有比较优势，并且在该部门中，他们有操作更好技术的比较优势。

在发达部门的竞争压力下，由于工人的能力分布和技术特征，两种技术可能都会幸存下来，也可能只有一种能够幸存下来。主要的分析是在两种技术都被应用的假定下展开的，这也是下文的假定。

在耶普尔的框架中，能力最低的工人归入传统部门；为操作更好的技术，能力最高的工人被归入发达部门；为操作次等技术，中间能力的工人被归入发达部门。在这些条件下，位于分布上端的工

---

① 克鲁塞尔等（Krusell et al.，2000）表明，如果高技能工人和机器设备在生产中互补，资本积累也会在工资偏向上有利于技术工人而不利于非技术工人。他们的定量分析表明这种影响很大。

资不平等由使用更好技术工人的劳动生产率决定；位于分布下端的工资不平等由使用传统部门技术工人的劳动生产率决定；在中间区域，工资不平等由在有差异产品部门使用次等技术工人的劳动生产率决定。这三类群体间的不平等又取决于这三类技术间工人的比较优势。

当两个相当的国家之间相互贸易且存在固定和可变的贸易成本时，传统产品的贸易不会发生。然而，当固定出口成本足够低时，有差别的产品才会进行贸易；如果两种技术都被应用，那么投资于更好技术的所有企业都会出口。尽管存在所有企业都出口的情形——与它们的技术无关，但是有意思的情形是并非所有企业都出口，就是说，存在是否出口的选择。在这种情形下，对固定成本的适当限制产生了一分为二的结果：采用次等技术的企业只服务于国内市场，而采用先进技术的企业既服务于国内市场，也出口。总之，出口者比非出口者采用更好的技术、雇用更有能力的工人。

耶普尔表明，在这个框架中，可变贸易成本的下降促使更多企业采用有差异产品部门的更好技术。操作次等技术的工人中最有能力的工人将转到操作更好技术的企业就业；操作次等技术的工人中最没有能力的工人将转到传统部门就业。而且，相对工资的变化顺应就业的变化：操作先进技术的高能力工人的工资提高，操作次等技术的中等能力工人的工资下降，生产传统产品的工人的工资不变。另外，从次等技术部门转向更先进技术部门就业的工人的工资提高；从在有差异产品部门使用次等技术转向传统部门就业的工人的工资下降。

这些对全球化的反应呈现出工资和就业的两极化，这有时候被称为"抽空中间阶层"。也就是说,最有能力的工人和最没有能力的工人都比中间能力的工人更好。既然这种类型的劳动力市场极化已经在美国和 16 个欧洲国家得到证明(见 Goos,Manning,and Salomons,2009 和 Autor,2014),人们就希望该分析能够识别出一种具有实际解释力的可信机制。然而,不幸的是,还没有可靠的证据支持全球化在极化劳动力市场中起到重要作用这种观点。

桑普森(Sampson,2014)扩展了该分析,考虑到工人能力的连续分布及技术选择的闭联集,但是没有考虑传统部门。越好的技术越贵,生产函数的对数超模性导致了工人和企业间的正向分类匹配。既然技术选择是内生的,工人的异质性确保异质性的企业在承担了高生产率技术或低生产率技术的成本后获得相等的利润。出口要承担固定成本,导致了对出口的选择。出口商比非出口商更具有生产力,它们雇用能力更高的工人。桑普森表明,在相当国家的世界中,可变贸易成本的下降促使有些低生产率的企业成为出口商,促使某些非出口商雇用的最高能力的工人转到出口企业就业。尽管工资不平等在贸易冲击前后都由出口公司雇用的工人中不变,在贸易冲击前后都由非出口企业雇用的工人中也不变,但是不平等在从非出口企业转到出口企业就业的工人中会提高,出口企业雇用的工人和非出口企业雇用的工人之间的工资差距会扩大。然而,在这种情况下没有极化出现,因为没有传统部门时,有差异产品部门的最低生产率止损线在有没有对外贸易的情况下都相同。

与耶普尔(Yeaple,2005)的研究相似,布斯托斯(Bustos,2011b)也假定,有差异产品产业中的企业可以采用以下两种技术中的一种:高固定成本技术或低固定成本技术,前者在产出数量大时有效率（即成本有效），后者在产出数量小时有效率。然而，与耶普尔不同，布斯托斯的分析中不存在同质的部门。另外，她假定只存在两类工人：高能力的技术工人和低能力的非技术工人；两类工人在生产中都是基本的；技术的要素密集度存在差别：大规模有效的技术（large-scale-efficient technology）使用的高技能工人比低技能工人相对更多。

这些特征与企业的异质性相结合。该产业的每个进入者都被随机分配企业特定的生产率水平，这决定了其不同的生产成本。生产率更高的企业在两种技术下都获得相同的可变成本优势。结果，高生产率的企业在使用大规模有效的技术上有比较优势。自然，企业是否选择采用这种技术取决于企业有多高的生产率、有多高的技能溢价。技术工人相对于非技术工人过高的工资，可能会使采用大规模有效技术的可变生产成本处于较高产出水平上，高到足以抵消相对小规模有效技术的优势。当技能溢价不是太高时，两种技术都会被在位企业采用，高生产率的企业会采用大规模有效的技术。

固定运营成本导致低生产率企业退出，而固定出口成本导致生产率最高的企业选择出口。由于这些原因，有些企业在进入后又退出该产业；生产率最低的在位企业只服务国内市场，并采用小规模有效的技术；而其他在位企业出口。在出口者中，低生产率的企业采用小规模有效的技术，而高生产率的企业采用大规模有效的技术。

在这个模型中，可变贸易成本的下降使得某些生产率最低的企业退出该产业，使得某些最初采用小规模有效的技术的出口企业转向采用大规模有效的技术。它还使得某些位于非出口企业生产率分布顶端的非出口企业开始出口，其中采用大规模有效的技术的企业最成功。很明显，这种产业内的再配置提高了对技能工人的相对需求，既是因为更大部分的企业采用了大规模有效的技术，也是因为市场份额从使用低技能密集技术的企业重新配置到了使用高技能密集技术的企业。结果，技能溢价提高了。

布斯托斯使用这个框架研究了南方共同市场（MERCO-SUR）——1991年由阿根廷、巴西、巴拉圭、乌拉圭和委内瑞拉建立的自贸区——对阿根廷企业的影响。[①] 她使用巴西的关税削减来评价在阿根廷企业就业的技术工人份额的变化（巴西是阿根廷最大的贸易伙伴）。这些关税削减在部门之间存在差别，对不同产业公司的影响不同。在超过中等规模的企业中，有76%的企业出口；而在低于中等规模的企业中，只有38%的企业出口。布斯托斯的估计表明，关税平均削减了23%，造成了低于中等规模公司的技术工人份额下降了8%，而高于中等规模公司的技术工人份额提高了6%。这些数字表明了企业之间劳动力构成的显著变化。生产型工人和非生产型工人都受到技能构成的影响；在非生产型工人中对技术工人份额最强的影响发生于规模分布前1/4的企业中。不幸的是，这项研究没有提供南方共同市场影响技能溢价的证据。

有方向性的技术变迁

前一部分"选择工人和技术"讨论了每个企业如何通过从一系列可得技术中选择一种来提高其经营预期。但是，这些技术的分类

[①] 布斯托斯（Bustos, 2011a）研究了南方共同市场对阿根廷企业技术升级的影响。她发现，大多数升级发生在企业内，这些企业为应对自贸协定从非出口转向了出口。

是固定的。为此,全球化无须改变可接受的技术集合就能影响技术选择。相反,伍德(Wood,1994)认为,对外贸易影响技术变迁的方向,而无视这种效应使得贸易对劳动力需求组合影响的估计向右下方倾斜。① 他在讨论了传统的估计后指出:

> 无论是传统的还是修正后的 FTC(贸易的要素含量)方法都没有考虑贸易对技术进步的影响:前者将要素投入系数视为给定的;后者将生产函数指数视为给定的。这一忽略在南方国家的显著性有限,其通常是新技术的接受者而不是创造者……相反,在北方国家,不考虑贸易引致的技术变迁很可能会对需求影响估计的精确性有很大影响。北方大多数劳动密集型产品的制造者,好像是要通过寻求使用更少非技术劳动力的新生产技术,对南方的竞争做出反应。(第159页)

伍德得出结论认为,考虑防御性创新将会使贸易对劳动力需求技术构成影响的估计值翻倍(第11页)。然而,尽管他持有内生技术变化十分重要的观点,然而他不知道如何将其融入分析。

多年之后,阿西莫格鲁(Acemoglu,2003)提出了一个分析框架来考察贸易对技术变化方向的影响。为此,他将基于质量梯次的增长(growth based on quality ladders)融入采用低技能工人和高技能工人的两部门要素比例贸易模型。② 在一个部门,中间品(或资

---

① 他相信之前的几个研究,表明对外贸易改变了劳动生产率(见 Wood,1994,第108页)。

② 最初引入质量梯次的经济增长模型,见 Grossman and Helpman(1991a)和 Aghion and Howitt(1992);该模型在贸易和增长问题上的应用见 Grossman and Helpman(1991a, b)。阿西莫格鲁(Acemoglu,1998)发展了其中的某些观点,并将其应用于2003年的文献中(Acemoglu,2003)。

第 9 章 技术选择

本品）是采用低技能工人生产的；在另一个部门，中间品是采用高技能工人生产的；在每个部门中，中间品都与劳动力结合起来生产最终消费品。这种结构很明显地把一个部门区分为低技能密集型的，把另一个部门区分为高技能密集型的。另外，在每个部门，创新者可以瞄准特定的中间投入品以提升质量。成功质量跃升的规模是恒定的，但是在创新中投入的资源越多，成功的概率越大。由于每个部门都使用一系列连续的中间投入品，这些创新的努力提升了一部分中间投入品的质量，进而提高了部门的全要素生产率。一个部门在创新上的投资越多，中间投入品中成功提升的部分就越大；因此，该部门的全要素生产率增长就越快。根据假定，中间投入品不参与国际贸易，全球化只使得最终品的贸易是必需的。

在这个模型中，只有一个国家——美国——从事创新；私人激励控制技术变化的方向和程度，即创新者瞄准低技能或高技能密集部门的程度。质量提升采取在质量梯次上逐步攀升到更高阶梯的形式，赋予创新者垄断力量，直到其质量被超越；来自这种垄断力量的经营利润给投资研发提供了激励。产生这些利润的知识产权在美国受到保护，然而在被认为是欠发达国家的其他国家，保护并不成功。但是，欠发达国家可以采用获得的最好技术，尽管它们不能跟美国创造者一样有效率地采用这些技术。

值得注意的是，在这个框架中，技术变迁的方向——反映为部门间全要素生产率水平的长期差异——是由两个主要力量决定的。一个是价格效应。消费品的价格越高，为生产这种产品提高中间品质量就越有利润，这会提高在这些中间品上研发投资的速度，最终提高该产业的生产率水平。第二个力量是市场规模效应。使用某种技术的工人越多,为这些工人设计的提升中间投入品获得的利润就越高,这会提高在这些中间品上研发投资的速度,并最终提高该产业的生产率水平。但是,这意味着,在一个封闭经济中——当美国不与欠发达国家贸易时——美国技术工人的相对供给对技术变迁的方向具有相互矛盾的影响。一方面,技术工人相对更容易得到提高了技能密集型的产品的相对供给,这会降低它们的相对价格,并激励低技能密集部门有相对更多的创新。另一方面,技术工人相对更容易得到提高了技能密集型创新的市场规模,这会激励高技能密集部门相对更多的创新。对部门相对生产率这两种矛盾力量的解决,取决于消费中高技能和低技能密集产品的替代弹性,这进而又决定了整个制造业中高技能工人和低技能工人之间的替代弹性。

当国家之间相互贸易时,价格效应依赖于世界经济中低技能工人和高技能工人有效率的相对供给(在使用前沿质量的中间投入品时,根据国家特定的生产率调整要素数量);而市场规模效应依赖于创新国家——美国——低技能工人和高技能工人的相对供给。[①] 阿西莫格鲁接着表明,在这些貌似合理的参数约束下,国际贸易使得技能相对丰裕的美国的技术变迁朝向技能密集型部门。结果,全球化提高了美国的技能溢价,并且这种提高比不存在创新时要大得多。运用来自伯杰斯、弗里曼和卡茨(Borjas,Freeman,and Katz,1997)的要素含量估计,阿西莫格鲁(Acemoglu,2003,第220页)计算得出,他的模型能够解释美国1980—1995年间技能溢价实际提高的1/5。尽管解释1/5的数据变化很重要,但并非全部,如果没有

---

① 阿西莫格鲁(Acemoglu,2003)假定了使创新在不发达国家无利可图的参数约束。

贸易引致的技术变化，模型将会产生大约一半的技能溢价提高，大约为实际提高的1/10。综上所述，这些研究表明，尽管外贸通过诱致性技术变迁对技能溢价的间接影响可能与直接影响在大小上相当，但是它们的共同影响总体适中。

离岸也能激发有方向性的技术变迁，这引出了其对不平等能否产生较大总影响的问题。阿西莫格鲁、甘恰和兹利博迪（Acemoglu，Gancia，and Zilibotti，2015）通过构建两国家的分析模型考察了这个问题，其中一个国家既有低技能工人又有高技能工人，另一个国家（为分析方便）只有低技能工人。他们称前者为西方，称后者为东方，但是称前者为北方后者为南方，或者前者为发达后者为欠发达同样合理。很明显，在这种情况下，前者国家在技术劳动力上相对丰裕。

与阿西莫格鲁（Acemoglu，2003）类似，低技能密集型产品是用特定的中间投入品（或任务）生产出来的，并且这些投入品是由低技能工人生产出来的。同样，高技能密集型产品也是用特定的中间投入品（或任务）生产出来的，但是这些投入品是由高技能工人生产出来的。接着，在不变替代弹性生产函数假定下，低技能密集型产品和高技能密集型产品结合起来生产最终消费品。

然而，与阿西莫格鲁（Acemoglu，2003）假定创新者提升固定种类的中间投入品不同，阿西莫格鲁、甘恰和兹利博迪（Acemoglu，Gancia，and Zilibotti，2015）假定研发被指向发明一个部门或另一个部门专用的新投入品。随着一个部门可得的中间投入品增多，其劳动生产率提高。换句话说，该研究用中间投入品的生产率提高取代了按照质量梯次逐步进行的生产率提升发明。① 在发达国家，中间投入品的发明是有成本的，专利保护发明者的知识产权，发明者获得垄断租金，提供了其发明创造的动力。但是，每个发明者必须决定是投资适合低技能工人还是适合高技能工人的中间品的发明。这就产生了有方向性的技术变迁。

所有的中间投入品都能够在技能丰裕国家生产。但是，就像格罗斯曼和罗西-汉斯伯格（Grossman and Rossi-Hansberg，2008）所表明的，低技能中间投入品也可以离岸到技能缺乏国家生产。然而，离岸要承担固定成本和可变成本。既然技能缺乏国家低技能工人的工资率更低（采用结构表示），离岸就需要在更低的制造成本与固定和可变离岸成本之间进行权衡。② 在这些条件下，离岸的规模就是一个可以选择的变量，是发明者（或技术购买者）经营战略的一部分。结果，技术变迁是指向低技能中间投入品还是高技能中间投入品取决于离岸的成本。正如阿西莫格鲁（Acemoglu，2003）所表明的，存在价格效应和市场规模效应，只是后者还取决于离岸的程度。

阿西莫格鲁、甘恰和兹利博迪（Acemoglu, Gancia, and Zilibotti，2015）表明，对于外生的离岸水平和恒定不变的技术水平（即每个部门可得到的中间投入品的范围不变），离岸程度的上升提高了技能缺乏国家低技能工人的实际工资，提高了技能丰裕国家高技能工人的实际工资，进而提高了技能丰裕国家的技能溢价，但是

---

① 对于质量梯次与扩展的产品多样性增长机制的比较及它们在国际贸易中的应用见 Grossman and Helpman（1991a, b）。赫尔普曼（Helpman，2004，第 4 章）提供了一个非技术综述。扩展的产品多样性增长模型最初是由罗默（Romer，1990）提出来的。

② 这类权衡在对外直接投资文献中被称为就近集中权衡（proximity-concentration tradeoff）；见 Helpman（2011，第 6 章）。

第9章 技术选择

有可能提高也有可能降低技能丰裕国家低技能工人的实际工资。①

这些效应是在技术不变的假定下得出来的,识别出了几个重要的关系。更多的离岸将使得低技能中间品的生产从技能丰裕国家迁移至技能缺乏国家,那里的工资更低。这种迁移降低了低技能中间品的平均成本,进而降低了用它们所生产的产品的相对价格。结果,对低技能密集型产品的需求提高,技能缺乏国家劳动力的需求随之提高,这又提高了其工人(低技能工人)的工资率。在技能丰裕国家,低技能中间品的外迁降低了对低技能工人的相对需求,提高了技术工人的技能溢价和实际工资。但是,在技能丰裕国家,非技术工人的需求水平面临两种相反的影响。一方面,由于更少的低技能中间品在其国家生产,对其服务的需求下降;另一方面,作为低技能密集型产品价格下降的结果,对其的需求上升,进而对非技术工人的需求上升。为此,技能丰裕国家低技能工人的工资可能上升,也可能下降。

作为对市场条件的反应,当离岸和技术变化同时被考虑时,阿西莫格鲁、甘恰和兹利博迪表明,(在某些参数约束下,)固定离岸成本的下降提高了离岸的规模。但是,如果最初离岸成本高昂,它会引致高技能方向的技术变化;如果最初离岸成本低廉,它会引致低技能方向的技术变化,技术变化的技能偏向用部门生产率水平的比率来衡量。换句话说,固定离岸成本和技术变化的技能偏向之间呈倒U形关系。倒U形是因为当离岸成本高昂时,价格效应主导创

---

① 这些结果是在中间投入品之间的替代弹性大于低技能密集产品和高技能密集产品的替代弹性且后一个替代弹性大于1的假定下得出来的。这些假定在作者看来非常合理,与阿西莫格鲁(Acemoglu,2003)使用的假定相似。

新激励，而离岸成本低廉时，由市场规模效应主导。然而，重要的是，与引致性技术变迁的反应无关，固定离岸成本越低，增长越快。更低的固定成本还会引致两个国家低技能工人工资间的差距，并且当中间投入品的替代弹性比部门产品间的替代弹性更大时，会提高技能丰裕国家的技能溢价（见 Acemoglu，Gancia，and Zilibotti，2015，命题 4）。

通过将这个模型校准到美国和中国 2000 年的数据，并假定美国是技能丰裕国家，阿西莫格鲁、甘恰和兹利博迪（Acemoglu，Gancia，and Zilibotti，2015）考察了许多情景。首先，他们考察了，如果美国自给自足，其技能溢价将会是多少。在这个及随后的检验中，技能溢价被定义为受过大学及更高教育工人的平均工资与只受过高中及以下教育工人的平均工资间的比值。他们发现，与 2000 年 1.9 的技能溢价不同，自给自足下的技能溢价为 1.26。根据这个量化结果，对外贸易对技能溢价有很大影响，这比迄今为止所讨论的其他研究估计出来的结果都大。而且，估计出来的技能溢价的 40% 都可归于技能偏向型技术变迁，这与阿西莫格鲁（Acemoglu，2003）关于贸易对技能溢价直接影响和间接影响的估计结果相当。

其次，阿西莫格鲁、甘恰和兹利博迪研究了固定离岸成本下降的影响。通过校准这一下降的规模得出了美国贸易额占 GDP 的比例上升了 20%，这与 2000—2008 年间的实际上升差不多。选择创新的成本产生出了人均 GDP 每年 2% 的增长，并且中国工人的平均工资等于美国低技能工人工资的 16%。离岸成本的这一下降将美国的增长率提高到 2.2%，这是一个非常显著的变化。它还将技能溢价从 1.9 提高到 2.06。进而，它提高了所有工人的福利水平。运用消费的等价变量来衡量这些福利变化,他们发现,中国工人获益最多,达到26.4%(见Acemoglu,Gancia,and Zilibotti,2015,表1);美国的低技能工人获益最少,仅为1.3%;而美国的高技能工人获益为8%。

这些福利收益来自增长的加速。为了使增长效应中性化并将分析只聚焦于离岸,阿西莫格鲁、甘恰和兹利博迪进行了如下运算:将前面讨论的离岸成本下降与创新成本的上升结合起来,共同使美国的增长率下降为2%。在这种情境下,中国工人按照福利衡量仍然获益最大,达到20.8%。但是,美国的低技能工人遭受了3.1%的福利损失,美国的高技能工人获得了3.3%的福利收益。技能溢价上升到了之前的2.06(见Acemoglu,Gancia,and Zilibotti,2015,表1)。

上面讨论的所有估计都必须谨慎对待。然而,他们也确实表明,来自有方向技术变迁的反馈,可能是一种全球化借以影响不平等的有效力量。在这个意义上,伍德(Wood,1994)强调该通道是正确的。但是,得出如下结论也是合理的,即,尽管我们现在对这种反馈有了更好的理论解释,但是我们还没有对其大小进行可靠估计。

第 10 章　不平等的余值

劳动力市场受许多摩擦的约束，这些摩擦阻碍了就业和工资的即时调整。其中有些摩擦是政府设计的，比如最低工资或解聘成本；其他摩擦是一个正在运行的经济体所固有的，比如寻找工作或变换工资的成本。后者又可能源自迁移到不同地方、不同产业或不同职业的成本（见第 7 章的讨论）。另外，在许多国家，工会在工资决定中起重要作用，工会可能是在企业、产业或者国家层面的。

劳动力市场的摩擦在不同国家千差万别。考察这些摩擦对外贸和工资影响的大量文献都阐述过工资不平等（Helpman，2011，第 5 章综述）。这些摩擦的一个重要含义是，失业是作为固有结果出现的。而且，它们通常赋予工商企业劳动力补偿杠杆作用。尽管不同形式的劳动力市场摩擦都通过细节上略有差别的机制发挥作用，但是它们都造成了失业，并且通常会造成不同的工资结果。然而，尽管已经存在对这些摩擦的认识，但是关于它们影响大小的证据却非

第 10 章 不平等的余值

常缺乏。

在个人收入形成中,技能发挥着重要作用,尽管运气有时也很重要。然而,技能难以测量,它取决于许多个人特征,像能力、天分、教育、经验,等等。然而,在明瑟(Mincer,1974)之后,有三个可观察的特征——教育、经验和性别——被用来解释个人间的工资差距。就像这个方法已经取得的成功那样,它也仅能解释工资差异的一部分。剩余部分——即这些特征不能解释的部分——被称为"不平等的余值"(Katz and Murphy,1992)。不平等的余值随着时间变化而不断提高,且提高的根源仍然存在争论。

通过对工资对数进行回归估计,得出工人特征的工资方程后,工资对数的不平等可以分解为可观察特征导致的不平等和不可观察特征导致的不平等。后者代表对不平等余值的经验估计。尽管采用了不同的差距测度,比如第 90 分位数与第 10 分位数的工资比率、工资对数的标准差或者工资分布的泰尔指数,但是可观察部分和不可观察部分的分解提供了关于不平等根源的必要信息。

卡茨和墨菲(Katz and Murphy,1992)指出了不平等余值对 20 世纪 80 年代美国大学生工资溢价上升的贡献。但是,他们的估计受到了勒米厄(Lemieux,2006)的挑战,他将这种上升归因为"临时"事件和组合变化。作为回应,奥托、卡茨和卡尼(Autor,Katz,and Kearney,2008)对数据进行了详细分析,得出结论认为,不平等的上升不是临时的,特别是在工资分布的上尾部分(第 90 分位数与第 50 分位数的比率),而不平等在 1980—2005 年间近乎稳步上升。另外,尽管劳动力构成的变化对 20 世纪 80 年代后期到 2005 年间工资不平等的余值产生了向上的压力,但是不平等集中于工资分布的下尾部，并且"……在狭义定义的人口统计学类型内收入差距的变化，仍然是上尾部和下尾部美国工资不平等余值的主要影响力量"（第301页）。他们发现，在1973—2005年间，第90分位数和第10分位数男性工资的比率上升了34.6个记数单位，其中12.8个记数单位可归因为不平等余值，并且后者的大约2/3是由于第90分位数与第50分位数比率的上升。

不断提高的工资不平等余值，在其他国家工资差距的上升中也发挥了很大作用。比如，在瑞典，工资不平等余值解释了2001年工资差距的70%（用工资对数的标准差衡量），并且它解释了2001—2007年间工资不平等上升的87%（Akerman, Helpman, Itskhoki, Muendler, and Redding, 2013, 表3）。同样，工资不平等余值解释了巴西1994年工资差距的59%，还解释了1986—1995年间工资不平等上升的49%（Helpman, Itskhoki, Muendler, and Redding, 2017）。很明显，工资不平等余值的重要性不只限于富裕国家。

许多研究处理了全球化对工资不平等余值的影响，强调了工资决定的其他机制。这些机制包括公平工资形式的劳动力市场摩擦（Egger and Kreickemeier, 2009; Amiti and Davis, 2012）、效率工资（Davis and Harrigan, 2011）以及搜寻与匹配（Davidson, Matusz, and Shevchenko, 2008; Helpman, Itskhoki, and Redding, 2010; Helpman, Itskhoki, Muendler, and Redding, 2017）。与企业异质性结合起来，这些机制中的每一种都形成了相同特征工人间的工资分配；因为这些模型预测，在相同产业内具有更高生产率的企业会给相同类型的工人支付更高的工资。企业规模和工资之间的正相关关系，即所谓的工资-规模溢价，成为长期中数据的一个固有特征（见 Oi and Idson，1999）。最近的研究表明，通过将国际贸易与工资-规模溢价机制结合起来，由于选择出口，出口企业——比非出口企业更大、生产率更高——会支付明显更高的工资。出口与工资之间的关系意味着，贸易会影响相同工人被不同特征企业雇用时的工资差距，是作为贸易影响工资不平等余值的结果。选择进口也有相同的作用。

公平工资

公平工资模型被阿米蒂和戴维斯（Amiti and Davis，2012）用来研究 20 世纪 90 年代贸易自由化对印度尼西亚工资不平等的影响。在他们的模型中，工人都相同；但是，为公平起见，工资是利润的增函数。结果，企业间的工资根据利润水平的变化而变化——这就形成了相同工人间的工资分布。沿着这个思路，该模型集中于不平等余值。

在阿米蒂和戴维斯的分析框架中，存在两类企业。第一类企业只用劳动力生产中间投入品，每一单位产出使用一单位劳动。这些企业面临不变单位成本，并致力于竞争性定价。这导致了零利润，因此这些制造商支付最低工资。第二类企业供给多样化的有差异产品，并致力于垄断竞争。在承担先期进入成本后，某个品牌有差异产品的制造商知道技术的生产率水平，也知道专门的贸易成本：出口最终产品的比例成本（proportional cost）和进口中间投入品的比例成本。他的生产技术需要中间投入品和劳动力，自己生产的中间投入品种类越多，全要素生产率越高。

正如梅里茨（Melitz，2003）阐述的那样，不论出口到哪个国家，都具有相同的固定出口成本。另外，从特定国家进口中间投入品具有相同的固定进口成本。在进入之后，每个最终产品的制造商必须决定是否留在该产业，并且如果他留在该产业，就必须决定，是进口中间投入品还是只采用国内中间投入品，以及是否出口最终产品。出口和进口的决策是相互关联的。相比非出口商，出口商的产品具有更大的市场，对进口中间投入品更有吸引力。但是，出口的利润情况既取决于企业的生产率，也取决于贸易成本。在其他条件相同的情况下，具有更低出口成本的企业会选择出口；在这种情形下，其会发现进口中间投入品更有利可图。同样，在其他条件相同的情况下，具有更低进口成本的企业会选择进口中间投入品，通过降低生产成本使得出口更有利可图。然而，既然出口和进口都要承担固定成本，企业就是否出口和进口进行选择。

特别地，在收回贸易成本上并非太不幸运的生产率最高的企业既从事出口，也从事进口。并且，由于公平工资的约束，这些企业支付最高的工资。另一端是生产率最低的企业，它们无法收回贸易成本；它们既不进口中间投入品，也不出口产品，并且支付低工资。生产率特别低的企业会撤资，无法收回高昂的贸易成本：它们不会继续留在该产业中。在位企业中，有只服务于国内市场并进口中间投入品的企业，也有只服务于国内市场并出口产品，但不进口中间投入品的企业。

在阿米蒂和戴维斯（Amiti and Davis，2012）研究的印度尼西亚的数据中，进口和出口的选择遵循了该模型预言的模式。只有5%的企业进口投入品并且只出口它们产品的一部分，10%的企业出口产品但不进口投入品，14％的企业进口中间投入品但不出口。出口商比国内企业要大、生产率更高，进口商比出口商要大、生产率更高，并且既进口又出口的全球参与企业最大、生产率最高。另外，出口商支付的工资比国内企业高27.5％，比中间投入品的进口商支付的工资高46.8％，比既进口又出口的全球参与企业支付的工资高66.4％（见他们的表1A）。在控制了像就业水平或部门联系之类的企业其他特征后，这些工资溢价分别下降到7.6％、14.6％和25.4％。这些数据为检验关税削减对工资的不同影响提供了丰富的证据。

另外，削减对最终品的关税与削减对中间投入品的关税有明显不同的影响。削减产品关税提高了出口商相对于非出口商支付的工资，进而提高了产业内的工资差距。相比较而言，削减中间投入品的关税会提高进口商相对于非进口企业支付的工资（见他们的表2A）。既然他们的数据只允许估计对印度尼西亚企业支付的平均工资的影响，有些可观察到的工资反应可能与不同类型工人与企业的重新匹配有关，进而会反映劳动力构成的变化。尽管阿米蒂和戴维斯认为，这些构成的影响很小，但是他们仍然考虑评价其估计值的大小。阿米蒂和戴维斯没有报告任何情形下关税削减对总体不平等程度（比如泰尔指数）的影响，这就不可能形成不平等变化是大是小的判断。

搜寻和匹配

莫滕森和皮萨里德斯（Mortensen and Pissarides，1994）及戴

蒙德（Diamond，1982a，b）为研究失业的宏观决定因素提出的劳动力市场的那类搜寻和匹配，是近期研究贸易和工资的主要资料。在那个框架中，企业设岗招聘，失业工人寻找工作（在有些研究中，已就业工人寻找更好的工作）。工人与岗位匹配，但是只有部分工人能够成功地找到工作，也只有某些岗位得到满足。匹配成功的程度取决于劳动力市场的特征；市场越有效率，匹配实现得越多，并且有些市场有利于工人，有些市场有利于雇主。匹配的企业和工人要对工资进行讨价还价。达不成协议对工人和企业都是有成本的，因为这会增加企业未就业岗位的数量，而有些工人仍然失业。结果，每一方都有达成协议的激励。可以理解的是，工资议价在这些成本的影响下进行，最终会影响工资协议。国际贸易改变了企业的有效选择和工人可得到的就业机会。通过这些选择的变化，贸易改变了工资和就业。

赫尔普曼、伊茨霍基和雷丁（Helpman, Itskhoki, and Redding，2010）提出了一个贸易和工资理论。该理论结合了梅里茨型经济（Melitz-style economy，2003）和搜寻与匹配。在这个理论中，企业支付先期进入成本，并且在该成本沉没后才会发现技术生产率。一旦企业得知技术质量，就要做出选择：如果技术是无利可图的，就选择是退出、留在该产业并只服务国内市场，还是留在该产业并既服务国内市场也服务国外市场。如果它们选择经营该产业，就要设岗招聘。然后，有些找工作的失业工人就会与其中的某些岗位进行匹配。

工人事前都是相同的。这意味着，在被雇用之前，每个工人都表现为同等适合每个岗位。但是，某个工人在某个指定工作中的生产率是从共同知道的分布中随机抽取出来的，同等地适用于每个工

第10章　不平等的余值

作、每个个人。鉴于这种不确定性，企业为了改进所雇用工人的组合，会筛选与岗位匹配的工人。然而，筛选过程是有成本的、不完美的。特别是，企业通过确保每个雇工与岗位的匹配高于某个选择出来的门限值，提高了劳动的平均生产率；然而，它不能确切评价每个工人的生产率。企业在技术生产率即它们的核心生产率上存在差别，生产率越高的企业具有越强的激励进行筛选。结果，具有更高核心技术的企业最终会具有更高的劳动生产率，既由于它们更高的核心技术，也由于企业内工人与工作岗位更好的匹配。企业的最优筛选水平还取决于它是选择只服务国内市场还是选择也出口，因为销售额更大使得在筛选上进行更多投资也能有利可图。因此，选择出口给企业提供了更多筛选工人的激励，这使得在位企业的劳动生产率分布偏向有利于出口者。这种偏向在部门内部工资不平等的出现中起重要作用。

紧随匹配和筛选之后，每个企业与留下来的工人——即那些通过了筛选测验的工人——就工资进行讨价还价。工资议价导致生产率更高的企业支付更高的工资。① 具有更高核心生产率的企业就业更多、利润更高，其中生产率最高的企业选择出口。结果，出口商比非出口商支付更高的工资，这与证据一致。这个理论的一个重要含义是，事前相同的工人被支付了不同的工资，导致了不平等余值。如果工人在教育、经验或性别这些可观察特征上存在差别，那么，

---

① 赫尔普曼、伊茨霍基和雷丁（Helpman, Itskhoki, and Redding, 2010）使用了企业和工人之间的讨价还价博弈来描述工资设定。在这个博弈的解中，企业的工资率是每个工人收益的一部分，并且该部分是两个参数的函数：一个是收益函数的曲率，另一个是生产函数的曲率。

他们除了得到通过筛选评价后的报酬，还会因这些特征而得到补偿。在这些条件下，工资不平等将反映由可观察的工人特征变量造成的不平等及其余值的和。

正如在梅里茨（Melitz，2003）文献中所表明的，通过使出口更加有利可图，贸易自由化将使效率稍微低点的企业成为出口商，并使有些效率最低的企业关闭。进而，这些再分配影响工资不平等。当最初的保护水平较高时，对贸易自由化的反应是不平等程度提高；当最初的保护水平较低时，不平等程度下降。也就是说，贸易自由化对部门内的工资不平等具有非单调影响。这种非单调性与贸易障碍下降导致的出口商比重的上升相关。在自给自足经济中，没有企业出口，企业间工资的所有变化都是由处于核心生产率水平企业间的平滑变化及雇用和筛选对这些变化的平滑反应造成的。当贸易障碍低到所有企业都出口时，工资的变化由于同样的原因也是平滑的。

然而，由于相互之间贸易摩擦的存在，产生了出口的选择，导致情况并非如此。在这种情况下，在国内导向的制造商集团和出口商集团中，平滑变化都会发生。但是，正如本章开头所解释的，在出口止损线附近，在国内企业和出口商之间存在明显差别；后者按照就业和利润来衡量要大得多（这种行为的跳跃设计出来是为了弥补固定出口成本）。另外，赫尔普曼、伊茨霍基和雷丁（Helpman, Itskhoki, and Redding，2010）表明，在出口止损线附近，出口商在筛选上的投资明显更多，他们也会支付明显更高的工资。这些更高的工资得到了明显更高的劳动生产率的支持，而这是通过更高的筛选努力达到的。换句话说，发现出口有利可图的生产率稍高的企业会支付明显更高的工资。这种工资差距又造成了出口商和非出口

第10章 不平等的余值

商之间更高的工资不平等。只要这两类集团中有任何一个很小,不平等就不会偏离自给自足下的水平太大;当出口企业的摩擦很明显但又不是特别大时,不平等迅速提高。

这个模型得出了一个产业内企业间工资变化、就业和选择出口之间的简单方程。赫尔普曼、伊茨霍基、蒙德勒和雷丁(Helpman, Itskhoki, Muendler, and Redding, 2017)扩展了这个模型,假定企业不仅在核心生产率层面存在差别,而且在固定出口成本和筛选效率上存在差别。在这个扩展的框架中,某个产业的进入者接近核心生产率水平、固定出口成本和筛选效率水平。因此,每个企业用三个特征刻画。这些变化的其他根源由于必须要赋予模型复制数据特征的机会而得以调整。例如,尽管在典型数据集中,出口商更可能比非出口商具有更高的生产率,但是每个出口商比每个国内企业都具有更高的生产率却未必是事实。允许固定出口成本在企业间存在差别,让某些核心生产率高的企业具有高固定出口成本,某些核心生产率低的企业具有低固定出口成本。在这些条件下,具有更低核心生产率的企业可能会发现出口是有利可图的,因为它面临着较低的固定出口成本,而具有较高核心生产率的企业可能发现出口无利可图,因为它面临着较高的固定出口成本。

赫尔普曼、伊茨霍基、蒙德勒和雷丁表明了该模型如何估计以及得出来的估计结果如何用于描述工资分配。为此目的,需要关于单个工人和单个企业特征的数据,以及哪些工人被每个企业雇用的信息。幸运的是,大量的这类数据在很多国家都可得到。赫尔普曼、伊茨霍基、蒙德勒和雷丁运用巴西的一段时期阐明了该方法。

巴西经济自由化已有很多年了。随着1991年南方共同市场自由贸易区的建立，巴西主要的贸易自由化达到了顶峰［见布斯托斯（Bustos，2011b，第9章）的讨论］。赫尔普曼、伊茨霍基、蒙德勒和雷丁（Helpman，Itskhoki，Muendler，and Redding，2017）运用正式部门的数据进行了分析（巴西也有大量的非正式部门），开始的时间是1986年，结束的时间是1998年。他们主要的年度估计使用了12个制造业和5种职业，以及大约600万工人和90 000多个企业的信息。他们使用明瑟工资方程估计了每个企业的部门-职位特定的工资构成。然后，用这种构成的分布来代表剩余工资的分布。

表10.1给出了将工资对数方差分解为方程中各项的结果。第一行给出了1994年方差分解的结果，第二行给出了1986—1995年方差变化的分解，前一个年份是在贸易自由化之前，后一个年份是在贸易自由化之后。第一个引人注目的发现是，在解释工资不平等上，工人可观察特征所占的份额非常小；它仅解释了1994年工资对数方差的13%，及1986—1995年间该方差变化的2%。企业特定构成的变化最大，它既解释了1994年的工资不平等，又解释了1986—1995年间工资不平等变化的最大份额。1994年，企业间的差异解释了该方差的39%；它解释了1986—1995年间方差变化的86%。从这些估计中可以很明显地得出，企业特定的工资构成在形成那段时期的工资不平等中起了重要作用。

表10.1　　　　　　　巴西工资不平等的来源（%）

	工人的可观察特征	企业间	企业内	协方差
1994年水平	13	39	37	11
1986—1995年的变化	2	86	−11	24

说明：工资对数的方差构成。
资料来源：Helpman, Itskhoki, Muendler, and Redding（2017，表2）。

赫尔普曼、伊茨霍基、蒙德勒和雷丁得到的估计值被用于构造工人间的并非由工人可观察特征造成的那部分工资的分布。将这些分布与数据中同样部分的工资分布进行比较。表 10.2 给出了 1994 年该部分工资基于模型和基于数据分布的离散程度。从该表中我们可以看出，基于模型的估计和基于数据分布的离散程度对非出口企业的就业者一致，但是模型对出口企业就业者工资分布离散程度的估计要高得多。这种差别是由于出口企业占比过小（不足 10%）。另外，估计值精确地获得了出口企业的就业溢价和出口工资溢价，前者反映了在出口止损线周围出口商提供的更多就业，后者反映了在出口止损线周围出口商支付的更高工资（见 Helpman, Itskhoki, Muendler, and Redding，2017，表 7）。

表 10.2　　　　巴西工资不平等的余值，1994 年

	非出口企业雇用的工人	出口企业雇用的工人
基于模型的结果	0.42	0.42
基于数据的结果	0.42	0.35

说明：工资对数余值的标准差。
资料来源：Helpman, Itskhoki, Muendler, and Redding (2017，表 6)。

运用对 1994 年的估计值，赫尔普曼、伊茨霍基、蒙德勒和雷丁模拟了贸易障碍对不平等的影响。首先，他们发现，贸易障碍的削减首先会提高不平等，直到峰值，接着作为对贸易摩擦进一步下降的反应，不平等下降，这与理论模型预测一致。其次，他们发现，可变贸易成本下降比固定贸易成本下降会造成更高的不平等峰值。如果不考虑不同出口商的多种目标，前者的峰值比自给自足高 10.7%，而后者比自给自足高 7.6%。如果考虑多种目标，会将前者的峰值提高到超过自给自足 23.3%，而后者超过 19.0%（见 Helpman, Itskhoki, Muendler, and Redding，2017，图 1 和图 3）。最

后，多种出口目标——其刻画了数据特征——放大了贸易对工资不平等余值的影响。

总之，工资不平等余值不仅在大小上重要，而且其显著地是对对外贸易条件的反应。为此，在分析全球化对不平等的影响时，如果不考虑贸易环境对工资不平等余值的影响，分析将很可能是不完全的。

结　论

本书带领读者对探讨全球化和不平等关系的大量文献展开了一场智慧之旅。尽管本书基于来源广泛的文献，但是仍然省略了许多与该主题相关的研究。我基于两方面考虑，决定阐述某些文献而将其他文献排除在外：第一，为了写出一本专业人士和非专业人士都感兴趣的简短且可读性强的著作；第二，为了以公正而平衡的方式涵盖所有重要主题。这就特别意味着，本书讨论的研究成果应该是全部文献中最有代表性的。就像通常在这些情形下，必须要做出判断。其他专家可能会选择报告略有不同的研究成果，他们可能会强调全球化和收入不平等关系的不同方面。尽管如此，我希望我的选择是有意义的。

我们已经看到，20世纪80年代大学毕业生工资溢价的上升，如何刺激经济学家研究对外贸易和外国直接投资对形成工资不平等的作用。早期研究主要是在20世纪90年代做出的，尽管这些研究发现，全球化对工资不平等的上升有贡献，但是得出了这种贡献很小的结论。而且，他们得出结论认为，技能偏向型技术变迁最可能对工资模式的变化负责，这种变化在穷国和富国都相同。这些研究使用的设计主要是研究对外贸易的传统方法，特别是要素比例贸易理论。斯托尔珀-萨缪尔森定理在这些研究中处于中心地位。将不平等激升归因为贸易和技术是否可靠的方法论争论运用了理论和数据、替代性分析方法和许多国家的经验事实。然而，最终结论仍然是：贸易在不平等变化中没起多大作用。

运用要素含量分析，伯杰斯、弗里曼和卡茨（Borjas, Freeman, and Katz, 1997）发现，贸易解释了1980—1995年间美国大学生工资溢价0.01个记数单位的上升，而实际上升达到0.191个记数单位。这样，他们就得出结论：贸易只能够解释不平等实际的迅速上升的一小部分。而且，基于该理论，技术工人相对非技术工人更高的工资，应该降低所有制造业部门高技能工人相对低技能工人的就业，然而通过资源从低技能密集型部门再配置到高技能密集型部门，大学毕业生相对迅速增长的供给应该合并进劳动力。然而，在数据中，技术工人相对非技术工人的就业在大多数制造业中都提高了。这个数据好像与普遍存在的技能偏向型技术变迁而不是贸易更为一致，而且如果考虑到不同发展水平国家普遍存在的技能溢价上升的事实，就更是如此了。

要素比例理论的一种变形被用于研究离岸，也得出了相似的结果。使生产任务在地理上分开进行可行的技术发展，以及中间投入品的外包，通过多种方式影响对不同类型劳动力的需求。赖特（Wright, 2014）发现，离岸造成了2001—2007年间美国制造业中

结　论

低技能工作（也被定义为生产型工人）的直接损失，但是离岸对这些工人的就业产生了积极的间接影响，原因是由此造成的更低生产成本刺激了生产的扩张。结果，由离岸造成的净工作损失累计达 69 000 个，而美国制造业全部的生产性工作损失了 120 万个。很明显，这些归结为离岸的工作损失相对于全部就业损失来说非常小。另外，芬斯特拉和汉森（Feenstra and Hanson，1999）研究了 1979—1990 年间美国经济中非生产型工人相对于生产型工人的工资变化，发现离岸能够解释这一比率上升的平均大约 20%。他们报告了三类估计，差别是对高技术资本使用了不同的衡量指标。能解释变化的 20% 当然很显著，但是并非表明，不平等的所有问题都要怪罪于全球化。

随着时间的推移，为研究这个问题，发展出了许多引入更多特征的国际贸易模型。匹配理论融合进贸易模型，能够让研究者考察互补特征对国际条件做出反应的多种模式。在这些新模型中，异质性工人与异质性管理者匹配、与不同类型的职位匹配、与不同类型的资本设备匹配、与不同技术特征的企业匹配、与只服务于国内市场或者从事对外贸易的企业匹配。这些复杂模型被运用于数量分析，以解释单一国家的不平等问题，或解释构成世界经济一部分的多个国家的不平等问题。

通过引入再匹配来扩展这些模型，形成了全球化可能影响不平等的一个新通道，但是却发现这些创新的定量影响很小。以伯斯坦、莫拉莱斯和沃格尔（Burstein, Morales, and Vogel，2016）对美国的研究为例，其中工人与两类资本设备和 30 种职位匹配。数据中，工人的特征包括年龄、性别和 5 种教育类型。为了衡量不平等，该研究考虑了拥有大学学历工人相对没有大学学历工人的工资。在

1984—2003年间，这种技能溢价上升了28个百分点。伯斯坦、莫拉里斯和沃格尔估计得出，如果没有对大学毕业生需求不成比例的上升，技能溢价将会下降。但是，有利于受教育工人需求的变化引起了收入不平等的上升。这种需求变化绝大部分是由于计算机应用的扩展，只有不到1/5是由于大学毕业生具有比较优势职位的需求上升。该研究也发现，对这段时期技能溢价的上升，设备贸易贡献了2.1个百分点，工作服务贸易贡献了1.3个百分点。很明显，这些贸易流量只解释了数据的一小部分，大约为11%。

在李（Lee，2017）的分析中，再匹配也有重要作用。其中，5种具有不同教育水平的工人被分为4个部门、5种职位。她的结构模型包含了具有不同发展水平的33个国家。她发现，在2000—2007年间，估计出来的贸易成本下降造成了各教育水平工人平均工资的上升。但是，实际工资特征的变化在每个国家明显不同。

在某些富裕国家（比如加拿大和日本），不平等在所有不同类型的工人之间都有所提高；在某些较为贫困的国家（比如波兰）也是如此。在其他国家（比如巴西和以色列），实际工资在具有最低教育水平和最高教育水平的工人中上升最多。有两个国家——新西兰和瑞士——不平等在所有类型的工人中都有所下降。李的估计表明，贸易成本的下降只能够解释美国2000—2007年间大学生工资溢价上升的11.4%，也只能够解释中国大学生工资溢价上升的17%。

还有一些研究处理的是地区差异在不平等形成中的作用。这些包括北美自由贸易协定对美国影响的研究、南方共同市场对巴西影响的研究、中国融入全球化经济的研究以及从苏联独立出来的各国融入世界经济的研究。所得出的发现在各个国家之间不同。南方共

结 论

同市场引起了巴西地区工资不平等的下降；中国加入世界贸易组织对美国各地区之间的工资差距影响很小，但是对地区之间的就业水平和政府转移支付有很大影响。中国对德国的地区差距基本没有影响，从苏联独立出来的东欧国家对德国的地区不平等只有很小的影响。

为了阐述清楚，科沃克（Kovak，2013）估计得出，南方共同市场将巴西工资分布第90分位数地区和第10分位数地区之间的平均工资差距从80%降低到77%。他还发现，该自由贸易协定将工资分布第75分位数地区相对于第25分位数地区的平均工资从36%降低到35%。名义上看，自由贸易协定降低了地区工资差距，但是降低幅度有限。科沃克和迪克斯-卡内罗（Kovak and Dix-Carneiro，2015）的研究也估计出了南方共同市场对地区技能溢价的影响，地区技能溢价被定义为具有大学以上学历工人的平均工资相对于低于大学学历工人的平均工资。作为自由贸易协定的结果，技能溢价的地区差距缩小了，但是缩小幅度有限。根据他们的估计，该自由贸易协定能够解释巴西1991—2000年间技能溢价下降的大约14%。

奥托、多恩和汉森（Autor，Dorn，and Hanson，2013）一项非常有影响的研究考察了中国兴起对美国不同通勤区结果差距的影响。他们发现，中国兴起对美国制造业工人地区工资的差异几乎没有影响，但是对其他部门的工人，主要是服务业部门，在受影响越大的地区遭受的损失越大。另外，一个通勤区面临的来自中国的进口竞争越大，制造业就业的下降就越大，然而在非制造业没有出现明显的就业差异。而且，这些作者没有发现中国冲击对地区人口差异有显著影响，但是他们发现对劳动力参与和失业差异有显著影响。这些影响对没有大学学历的工人比对有大学学历的工人更大。如果考虑到美国对中国的出口，那么又会使这些估计降低 1/4。

奥托、多恩和汉森比较了不同通勤区的平均工资，而切特韦里科夫、拉森和帕尔默（Chetverikov，Larsen，and Palmer，2016）考察了通勤区内的工资不平等，他们将工资分布划分为 20 个分位数。在他们的分析中，在中等分位数之上的工资反应不存在明显差异，并且最大的负向影响出现在第 2 和第 3 分位数。这些影响累计达到 2000—2007 年面临中国冲击平均水平通勤区收入下降的 2.6%。

这些地区差异的研究都采用了双重差分估计，假定工人不会在不同通勤区之间迁移，即使他们失去了工作也不会。与此不同，卡利恩多、德沃尔金和帕罗（Caliendo，Dvorkin，and Parro，2015）运用世界经济的结构模型，包括美国 50 个州，研究了中国冲击对地区差异的影响。在他们模型的要素中，工人跨州和跨部门迁移，存在显著的迁移成本。他们发现，在 10 年时间里，中国冲击使制造业减少了 80 万个就业岗位，但是非制造业部门增加的就业更多。结果，它减少了失业。就业的净收益部分是由于进口中间投入品更廉价造成的。

正如我在第 7 章解释的，双重差分估计本身不能用于计算总体结果。为此，为了计算必要的总量，假定要么是关于特定地区发生的变化，要么是不同地区发生的平均变化。得出来的估计值对这些假定很敏感。由于中国冲击造成的美国制造业就业损失，即使最大的估计，相对美国的劳动力规模和劳动力常规流动来说也非常小。从综合观点来看，由贸易冲击造成的就业损失应该很容易归结到常规的商业运转中，除非它们不是；进口竞争在美国有些地区造成了巨大的痛苦。

结　论

全球化影响不平等的有些新渠道还没有被恰当地量化。其中一个是规模效应。正如埃皮法尼和甘恰（Epifani and Gancia，2008）已经表明的，在一个更大的经济中，由于国内增长或由于融入国际体系，劳动力需求可能转向有利于技术工人，从而提高技能溢价和不平等。尽管这些作者发现了规模对不平等影响的证据，但是他们的估计不能用于量化不平等的上升在多大程度上是由这种机制造成的。

格罗斯曼和赫尔普曼（Grossman and Helpman，2017）在工人和企业异质性的基础上，描述了另一种将不平等与全球化和增长联系起来的机制。在他们的模型中，国际经济的两个特征起中心作用。首先，一个国家是否从其贸易伙伴从事的研发中直接受益——通过可用知识的积累。在所有情形下，全球化都提高了所有国家的人均收入增长率，只有一种可能的例外，就是其增长率不变。如果存在国际研发溢出效应，全球化也会提高不平等，这与资本是否自由流动无关。如果不存在国际研发溢出效应，当不存在国际市场的自由借贷时，全球化对不平等没有影响；但是如果存在自由借贷，它会降低不平等。既然在这些问题上没有可用的证据，那么这些暂且只是理论上的可能。

通过企业异质性将贸易与不平等联系起来的另一种机制是对于出口的选择。在全球化的世界，它赋予生产率更高的企业以优势。既然生产率更高的企业使用技能更密集的技术（正如证据所表明的），那么它们对对外贸易更加开放，这会诱使更多的企业选择出口，提高对技术工人的相对需求，进而提高技能溢价。这个机制的数量含义是由伯斯坦和沃格尔（Burstein and Vogel，2017）采用结构模型研究的,他们允许要素密集度在产业间和产业内部的企业间有所不同。在一个反事实的研究中,他们使用该模型比较了自给自足和2005—2007年间的实际结果。与李的研究(Lee,2017)类似,他们发现,在所研究的国家(总共60个)中,技术工人和非技术工人都从贸易中获益。另外,在除俄罗斯之外的所有国家中,贸易提高了技术工人相对于非技术工人的工资,并因此扩大了不平等。然而,估计出来的影响不太大。尽管工资差异的上升平均为5.1%,但是在美国仅为2%,在巴西仅为0.5%;最大的上升为12%,发生在立陶宛。

该理论的进一步扩展融合了技术选择。当与出口选择结合在一起时,多种技术的可得性使选择出口的企业也能够采用生产率更高的技术,这与经验证据一致。在这些情形下,全球化给低技能工人和高技能工人带来的收入收益,同比例地高于给中等技能工人带来的收益,在有些数据库中发现了这种模式。全球化也不同程度地改变了不同生产率和不同规模企业的就业构成。在布斯托斯(Bustos,2011b)对南方共同市场的研究中,她发现,在阿根廷,超过中等规模的企业比低于中等规模的企业有更大的比例从事出口。布斯托斯还发现,作为对自由贸易协定的反应,超过中等规模企业中的技术工人份额提高了6%,而低于中等规模企业中的技术工人份额下降了8%。她的数量发现与该理论预言的判断一致;然而,她没有报告这些需求变化对工资不平等的影响。

有方向的技术变迁是对外贸易能够影响不平等的又一机制。如果全球化鼓励提高对技术工人相对需求的技术发明,它就会扩大不平等;如果全球化鼓励降低对技术工人相对需求的技术发明,它就

结 论

会缩小不平等。阿西莫格鲁（Acemoglu，2003）计算出了由全球化导致的技术变迁可能贡献了美国 1980—1995 年间技能溢价上升的大约 1/10，另一个最大的 1/10 是直接贸易效应造成的。

在离岸对诱致性技术变迁影响的一项研究中，阿西莫格鲁、甘恰和兹利博迪（Acemoglu, Gancia, and Zilibotti, 2015）估计了几种情形。特别有趣的是他们关于固定离岸成本下降对美国技术工人相对非技术工人工资影响的计算（也就是，具有大学及更高教育的工人相对高中及以下教育的工人）。在 2000 年，这个工资比率为 1.9。也就是说，技术工人赚取的收入差不多是非技术工人的 2 倍。通过校准固定离岸成本下降的大小，可产生出美国贸易量从 2000 年的水平上升到 2008 年的实际水平。他们发现，这本身将工资比率提高到了 2.06。很明显，根据这个计算，离岸连同直接技术变化一起解释了美国 2000—2008 年间技能溢价的上升，但是上升幅度不太大。

本章到目前为止提到的所有研究考察的都是由工人的可观察特征造成的收入不平等。特别要注意的是，本章重点强调了教育水平，尽管性别和经验的差异也被考虑了。然而，正如第 10 章所讨论的，可观察到的不平等的大部分及其随时间不断上升的更大部分，是由于具有相同特征个人的其他方面差异造成的。比如在巴西，可观察到的工人特征只解释了 1994 年工资对数差距的 13%，并且只解释了 1986—1995 年间这种差距上升的 2%；企业间的工资差距起到大得多的作用，其解释了 1994 年工资对数差距的 39%，解释了 1986—1995 年间这种差距上升的 86%。

这类证据提出来的问题是：全球化是否提高了具有相同特征工人集团内部的工资差距？为了回答这个问题，经济学家发展出了将全球化与不平等余值联系起来的不同模型。该理论研究的一个中心原则是,与证据一致,规模更大、生产率更高的企业对具有相同特征的雇员支付更高的工资。在这些情形下,出口的选择影响工资的分配,尽管其影响并非单调。赫尔普曼、伊茨霍基、蒙德勒和雷丁(Helpman,Itskhoki,Muendler,and Redding,2017)采用巴西的数据对该模型进行了估计,结果表明,贸易自由化一开始提高了不平等余值,但是在达到一个峰值之后,进一步的贸易自由化又降低了不平等余值。他们发现,可变贸易成本的下降会将不平等余值提高到超过自给自足大约23.3%。

从本章对经验发现的简短的(且有选择性的)回顾可以明显看出,外贸和离岸形式的全球化不是提高不平等的主要贡献者。世界范围内不同事实的多个研究都得出了这个结论。然而,这不是说,贸易壁垒的取消没有负面影响。它们有负面影响,并且这些负面影响集中于美国的某些地区。这种集中就是引发反对全球化政治呼声的根源。

然而,重要的是记住,个人对外贸和对外经济联系的态度总体上是积极的。运用PEW全球态度调查(PEW Global Attitudes Survey)的数据,帕维尼科(Pavcnik,2017)报告说,在被调查的40多个国家中,每个国家都有一半以上的个人认为在2002—2014年间,外贸和对外经济联系对他们国家有利。尽管这种积极评价在2014年要低于2002年,但是它仍然很高。而且,在这两个年份,对全球化的支持都与人均收入负相关,这表明,相比富国的个人,穷国的个人更认为全球化有利。

然而,某些重要问题还没有得到满意回答,并且对这些问题的

结 论

可靠回答会改变我们关于全球化在形成不平等中作用的认识。第一，本书讨论的所有影响渠道的总体影响如何？我们已经看到，这些影响不是加总的，这意味着在分别估计了比如说两个渠道的影响之后，我们不能简单地对估计值进行加总得出一个共同影响。当全球化通过更多渠道改变不平等时，这种联合影响可能是高度非线性的，并且这些渠道需要联合估计。在这一点上，没有好的工具胜任这类分析。

第二，正如我在"引言"中讨论的，国际资本流动和移民也会影响不平等。尽管后者已经得到了广泛研究，但是我们对前者知之甚少。另外，移民和资本流动都与外贸、离岸、对外直接投资相互关联；这些相互关联会产生对不平等联合影响的可能性，而这与它们各个独立部分的加总不同。然而，还没有对联合影响的研究。

另一个重要的研究领域涉及政策形成。关于贸易、移民和资本流动的政策不是相互独立的。结果，为实现对这些领域中任何一个变化对不平等影响的更广泛评价，就必须理解形成这些政策的政治经济学。比如，中国在全球经济中地位的上升就可能引起其他国家政策的变化。为此，如果不考虑这些政策反应，那么估计出来的中国冲击对不平等的影响就可能存在偏差。另一个例子涉及在欧洲和北美的不同国家经济结构的差别，而这是不同政治力量的结果（可见 Razin and Sadka，2014）。不同国家政治和社会经济制度的差别也有助于解释国家之间对贸易和技术的长期变化的反应的差异，进而解释不平等的差异。

政治制度和社会规范影响人为的分配政策。政府通过税收和转移支付进行再分配。这有两个含义：第一，市场收入的不平等不同于考虑了税收和转移支付之后可支配收入的不平等（见第 1 章的讨论)。第二,一个国家的税收-转移支付制度可能会对国际条件的变化做出反应。结果,通过引致的税收和转移支付的变化,全球冲击对不平等的影响不仅是直接的,而且是间接的。本书的焦点放在市场收入的不平等上,然而全球化对可支配收入不平等影响的分析可能更有意义。安特拉斯、德戈塔里和伊茨霍基(Antràs, de Gortari, and Itskhoki, 2017)阐明了这一点。

皮凯蒂(Piketty, 2004)认为,两次世界大战在降低国家内部的不平等中发挥了重要作用,而沙伊德尔(Scheidel, 2017)更进了一步,认为在整个历史上,暴力对收入和财富的均等化是必需的:

> 几千年来,文明没有给自己带来和平的均等化。在大量处于不同发展水平的社会中,稳定有利于经济不平等。这在法老时期的埃及和在维多利亚时期的英格兰同样正确,在罗马帝国和美国也同样正确。暴力冲击对打破这种稳定的秩序最为重要,它会压缩收入和财富的分配,缩小富人和穷人间的差距。(第6页)

这个悲观论调是非常极端的,并且扩大了暴力在降低不平等中的作用。

绝大多数对不平等的讨论都涉及收入的比较。然而,对生活标准最重要的是实际收入。如果所有人面对的消费价格指数相同,与他们的收入水平无关,那么收入的不平等和实际收入的不平等就是相同的。这只有当消费构成不随收入变化的时候才是事实。但是,如果这不是事实,就像证据所表明的那样,那么,要得出全球化对实际收入分配影响的估计,在估计全球化对收入的影响之外,还必须估计全球化对不同收入阶层价格指数的影响。

结　论

尽管这是一个研究不足的领域，但是法吉尔鲍姆、格罗斯曼和赫尔普曼（Fajgelbaum，Grossman，and Helpman，2011）发展了一个不同质量产品的贸易理论，其中消费价格指数对不同收入水平的个人是不同的。他们的模型得出了关于国家之间可出口品和可进口品质量模式的预测，与证据一致。另外，法吉尔鲍姆和汉德瓦尔（Fajgelbaum and Khandelwal，2016）最近的一项研究表明，贸易对价格指数影响程度的差别巨大。他们对40个国家的研究发现，从自给自足转向贸易，会降低收入分配第10分位数个人的消费价格指数，平均为63%；会降低收入分配第90分位数个人的消费价格指数，平均为28%；二者的比率为2.25。这个比率在所有国家都比1大得多，意味着低收入个人通过更低价格获得的收益要比高收入个人获得的收益大得多，这个比率在有些国家很大，在有些国家很小。比如，在美国超过17，在澳大利亚超过9，而在匈牙利仅为1.31，在卢森堡仅为1.07（可见Fajgelbaum and Khandelwal，2016，表V）。低收入个人获得这些更大收益的主要原因是其消费更偏向在国际市场进行贸易的商品。通过这些估计，全球化对生活成本的影响缩小了实际收入差距。

最后，我们看到，来自中国的进口竞争对美国的总体影响不太大，但是它对不同通勤区的就业产生了显著的不同影响。就业的相对减少是地区集中性的，通过贸易调整救济、失业收益和社会保障残疾保险金之类的计划进行的转移支付也是如此。对失去工作的个人造成的痛苦——这隐藏在统计者的视线之外——可能很大。戈德斯坦（Goldstein，2017）通过对通用汽车关闭在威斯康星简斯维尔工厂影响的记录，描述了这个决定对当地有些居民造成的痛苦和凄惨影响。很明显，建立起避免个人免受贸易和其他类型的对当地经济冲击负面影响的安全网是必要的。美国设计出来的贸易调整救济计划就是要帮助由于进口竞争而失去工作的工人的。但是，这个计划很小，不足以应对大规模的地区化进口冲击。而且，正如克莱泽（Kletzer，2001）所表明的，在1979—1994年间作为进口竞争的结果而失去工作的工人与由于其他原因——比如自动化或需求转变——而失去工作的工人没有多大差别。为此，有必要为失去工作的工人建立安全网，这应该与失去工作是不是由于对外竞争造成的无关。这是公共政策面临的主要挑战。

总之，在全球化和不平等的研究中，还有许多未完成的重要问题需要进行研究。然而，重要的是记住，之前已经有了巨大的进步。国际经济和全世界范围内生产组织的变化对多个经济学领域的学者提出了前所未有的挑战，他们已经就该领域的许多相关问题提供了更好、更精致的答案。尽管关于全球化成本和收益的公共争论还没有结束，但是人们只能够希望其基于证据，但愿本书报告的证据能够起到有效作用。

参考文献

Acemoglu, Daron. 1998. "Why Do New Technologies Complement Skills? Directed Technical Change and Wage Inequality." *Quarterly Journal of Economics* 113: 1055–1089.

———. 2003. "Patterns of Skill Premia." *Review of Economic Studies* 70: 199–230.

Acemoglu, Daron, David Autor, David Dorn, Gordon H. Hanson, and Brendan Price. 2016. "Import Competition and the Great US Employment Sag of the 2000s." *Journal of Labor Economics* 34: S141–S198.

Acemoglu, Daron, Gino Gancia, and Fabrizio Zilibotti. 2015. "Offshoring and Directed Technical Change." *American Economic Journal: Macroeconomics* 7: 84–122.

Acemoglu, Daron, and Pascual Restrepo. 2017. "Robots and Jobs: Evidence from US Labor Markets." National Bureau of Economic Research Working Paper 23285.

Aghion, Philippe, and Peter Howitt. 1992. "A Model of Growth Through Creative Destruction." *Econometrica* LX: 323–351.

Akerman, Anders, Elhanan Helpman, Oleg Itskhoki, Marc-Andreas Muendler, and Stephen Redding. 2013. "Sources of Wage Inequality." *American Economic Review* (Papers and Proceedings) 103: 214–219.

Amiti, Mary, and Donald R. Davis. 2012. "Trade, Firms, and Wages: Theory and Evidence." *Review of Economic Studies* 79: 1–36.

Anand, Sudhir, and Paul Segal. 2015. "The Global Distribution of Income." Chapter 11 in Anthony B. Atkinson and Francois Bourguignon (eds.), *Handbook of Income Distribution*, Vol. 2A (Amsterdam: North–Holland).

Antràs, Pol. 2016. *Global Production: Firms, Contracts, and Trade Structure* (Princeton: Princeton University Press).

Antràs, Pol, Alonso de Gortari, and Oleg Itskhoki. 2017. "Globalization, Inequality and Welfare." *Journal of International Economics* 108: 387–412.

Antràs, Pol, Luis Garicano, and Esteban Rossi-Hansberg. 2006. "Offshoring in a Knowledge Economy." *Quarterly Journal of Economics* 121: 31–77.

Artuc, Erhan, Shubham Chaudhuri, and John McLaren. 2010. "Trade Shocks and Labor Adjustment: A Structural Empirical Approach." *American Economic Review* 100: 1008–1045.

Atkinson, Anthony B., Thomas Piketty, and Emmanuel Saez. 2011. "Top Incomes in the Long Run of History." *Journal of Economic Literature* 49: 3–71.

Autor, David H. 2014. "Skills, Education, and the Rise of Earnings Inequality Among the 'Other 99 percent'." *Science* 344: 843–851.

Autor, David H., David Dorn, and Gordon H. Hanson. 2013. "The China Syndrome: Local Labor Market Effects of Import Competition in the United States." *American Economic Review* 103: 2121–2168.

Autor, David H., David Dorn, Gordon H. Hanson, and Jae Song. 2014. "Trade Adjustment: Worker Level Evidence." *Quarterly Journal of Economics* 129: 1799–1860.

Autor, David H., Lawrence F. Katz, and Melissa Schettini Kearney. 2008. "Trends in U.S. Wage Inequality: Revising the Revisionists." *Review of Economics and Statistics* 90: 300–323.

Autor, David H., Lawrence F. Katz, and Alan Krueger. 1998. "Computing Inequality: Have Computers Changed the Labor Market?" *Quarterly Journal of Economics* 113: 1169–1214.

Autor, David H., Alan Manning, and Christopher L. Smith. 2016. "The Contribution of the Minimum Wage to US Wage Inequality over Three Decades: A Reassessment." *American Economic Journal: Applied Economics* 8: 58–99.

Balassa, Bela. 1965. "Trade Liberalization and 'Revealed' Comparative Advantage." *Manchester School* 33: 99–123.

Baldwin, Richard. 2016. *The Great Convergence: Information Technology and the New Globalization* (Cambridge, MA: The Belknap Press of Harvard University Press).

Becker, Gary. 1973. "A Theory of Marriage I." *Journal of Political Economy* 81: 813–846.

Berman, Eli, John Bound, and Zvi Griliches. 1994. "Changes in the Demand for Skilled Labor in U.S. Manufacturing Industries: Evidence from the Annual Survey of Manufacturing." *Quarterly Journal of Economics* 109: 367–398.

Berman, Eli, John Bound, and Stephen Machin. 1998. "Implications of Skill-Biased Technological Change: International Implications." *Quarterly Journal of Economics* 113: 1245–1279.

Berman, Eli, and Stephen Machin. 2000. "Skill-Biased Technology Transfer Around the World." *Oxford Review of Economic Policy* 16: 12–22.

Bernard, Andrew B., Jonathan Eaton, J. Bradford Jensen, and Samuel Kortum. 2003. "Plants and Productivity in International Trade." *American Economic Review* 93: 1268–1290.

Bernard, Andrew B., and J. Bradford Jensen. 1995. "Exporters, Jobs, and Wages in U.S. Manufacturing, 1976–1987." *Brookings Papers on Economic Activity: Microeconomics*: 67–112.

———. 1999. "Exceptional Exporter Performance: Cause, Effect, or Both?" *Journal of International Economics* 47: 1–25.

Bernard, Andrew B., J. Bradford Jensen, Stephen J. Redding, and Peter K. Schott. 2016. "Global Firms." National Bureau of Economic Research Working Paper 22727, forthcoming in the *Journal of Economic Literature*.

Bhagwati, Jagdish. 1988. *Protectionism* (Cambridge, MA: The MIT Press).

———. 2002. *Free Trade Today* (Princeton: Princeton University Press).

Blau, Francine D., and Lawrence M. Kahn. 2015. "Immigration and the Distribution of Incomes." In Barry R. Chiswick and Paul W. Miller (eds.), *Handbook of the Economics of International Migration* Vol. 1A (Amsterdam: North Holland).

Bombardini, Matilde, Giovanni Gallipoli, and Germán Pupato. 2012. "Skill Dispersion and Trade Flows." *American Economic Review* 102: 2327–2348.

Borjas, George J., Richard B. Freeman, and Lawrence F. Katz. 1997. "How Much Do Immigration and Trade Affect Labor Market Outcome?" *Brookings Papers on Economic Activity* 1: 1–90.

Bourguignon, François. 2015. *The Globalization of Inequality* (Princeton: Princeton University Press).

Bourguignon, François, and Christian Morrisson. 2002. "Inequality Among World Citizens: 1820–1992." *American Economic Review* 92: 727–744.

Burstein, Ariel, and Jonathan Vogel. 2017. "International Trade, Technology, and the Skill Premium." *Journal of Political Economy* 125: 1356–1412.

Burstein, Ariel, Eduardo Morales, and Jonathan Vogel. 2016. "Changes in Between-Group Inequality: Computers, Occupations, and International Trade." Mimeo, September 13.

Bustos, Paula. 2011a. "Trade Liberalization, Exports, and Technology Upgrading: Evidence on the Impact of MERCOSUR on Argentinean Firms." *American Economic Review* 101: 304–340.

———. 2011b. "The Impact of Trade Liberalization on Skill Upgrading: Evidence from Argentina." Barcelona Graduate School of Economics Working Paper: 559.

Caliendo, Lorenzo, and Fernando Parro. 2015. "Estimates of the Trade and Welfare Effects of NAFTA." *Review of Economic Studies* 82: 1–44.

Caliendo, Lorenzo, Maximiliano Dvorkin, and Fernando Parro. 2015. "Trade and Labor Market Dynamics." Mimeo, November 2015.

Card, David. 2009. "Immigration and Inequality." *American Economic Review* (Papers and Proceedings) 99 (2): 1–21.

Card, David, and John E. DiNardo. 2002. "Skill-Biased Technological Change and Rising Wage Inequality: Some Problems and Puzzles." *Journal of Labor Economics* 20: 733–783.

Chamberlin, Edward H. 1933. *The Theory of Monopolistic Competition* (Cambridge, MA: Harvard University Press).

Chandy, Laurence, and Brian Seidel. 2016. "Is Globalization's Second Wave About to Break?" Global Views No. 4, The Brookings Institution.

Chetverikov, Denis, Bradley Larsen, and Christopher Palmer. 2016. "IV Quantile Regression for Group-Level Treatments, with an Application to the Distributional Effects of Trade." *Econometrica* 84: 809–833.

Costinot, Arnaud, and Jonathan Vogel. 2010. "Matching and Inequality in the World Economy." *Journal of Political Economy* 118: 747–785.

Council of Economic Advisors. 2016. *Economic Report of the President* (Washington, DC).

Dauth, Wolfgang, Sebastian Findeisen, and Jens Suedekum. 2014. "The Rise of the East and the Far East: German Labor Markets and Trade Integration." *Journal of the European Economic Association* 12: 1643–1675.

Davidson, Carl, Steven J. Matusz, and Andrei Shevchenko. 2008. "Globalization and Firm Level Adjustment with Imperfect Labor Markets." *Journal of International Economics* 75: 295–309.

Davis, Donald R., and David W. Weinstein. 2001. "An Account of Global Factor Trade." *American Economic Review* 91: 1423–1453.

Davis, Donald R., and James Harrigan. 2011. "Good Jobs, Bad Jobs, and Trade Liberalization." *Journal of International Economics* 84: 26–36.

Davis, Steven J., and Till von Wachter. 2011. "Recessions and the Costs of Job Loss." *Brookings Papers on Economic Activity*, Fall: 1–72.

Diamond, Peter A. 1982a. "Demand Management in Search Equilibrium." *Journal of Political Economy* 90: 881–894.

———. 1982b. "Wage Determination and Efficiency in Search Equilibrium." *Review of Economic Studies* 49: 217–227.

Dix-Carneiro, Rafael, and Brian K. Kovak. 2015. "Trade Liberalization and the Skill Premium: A Local Labor Market Approach." *American Economic Review (Papers and Proceedings)* 105: 551–557.

———. 2017. "Trade Liberalization and Regional Dynamics." *American Economic Review* 107: 2908–2946.

Dixit, Avinash, and Victor Norman. 1980. *The Theory of International Trade* (Cambridge, UK: Cambridge University Press).

Dixit, Avinash, and Joseph E. Stiglitz. 1977. "Monopolistic Competition and Optimum Product Diversity." *American Economic Review* 67: 297–308.

Eaton, Jonathan, and Samuel Kortum. 2002. "Technology, Geography, and Trade." *Econometrica* 70: 1741–1779.

Ebenstein, Avraham, Ann Harrison, Margaret McMillan, and Shannon Phillips. 2014. "Estimating the Impact of Trade and Offshoring on American Workers Using the Current Population Surveys." *Review of Economics and Statistics* 96: 581–595.

Eeckhout, Jan, and Philipp Kircher. 2018. "Assortative Matching with Large Firms." *Econometrica* 86: 85–132.

Egger, Hartmut, and Udo Kreickemeier. 2009. "Firm Heterogeneity and the Labor Market Effects of Trade Liberalization." *International Economic Review* 50: 187–216.

Epifani, Paolo, and Gino Gancia. 2008. "The Skill Bias of World Trade." *Economic Journal* 118: 927–960.

Estevadeordal, Antoni, Brian Frantz, and Alan M. Taylor. 2003. "The Rise and Fall of World Trade: 1870–1939." *Quarterly Journal of Economics* 118: 359–407.

Ethier, Wilfred J. 1982. "National and International Returns to Scale in the Modern Theory of International Trade." *American Economic Review* 72: 389–405.

Fajgelbaum, Pablo D., Gene M. Grossman, and Elhanan Helpman. 2011. "Income Distribution, Product Quality, and International Trade." *Journal of Political Economy* 119: 721–765.

Fajgelbaum, Pablo D., and Amit K. Khandelwal. 2016. "Measuring the Unequal Gains from Trade." *Quarterly Journal of Economics* 131: 1113–1180.

Feenstra, Robert C. 2015. *Advanced International Trade: Theory and Evidence*, Second Edition (Princeton: Princeton University Press).

Feenstra, Robert C., and Gordon H. Hanson. 1996. "Foreign Investment, Outsourcing and Relative Wages." In Robert C. Feenstra, Gene M. Grossman, and Douglas A. Irwin (eds.), *The Political Economy of Trade Policy: Papers in Honor of Jagdish Bhagwati* (Cambridge, MA: The MIT Press).

———. 1997. "Foreign Direct Investment and Relative Wages: Evidence from Mexico's Maquiladoras." *Journal of International Economics* 42: 371–393.

———. 1999. "Productivity Measurement and the Impact of Trade and Technology on Wages: Estimates for the U.S., 1972–1990." *Quarterly Journal of Economics* 114: 907–940.

Ferrie, Joseph P., and Timothy J. Hatton. 2015. "Two Centuries of International Migration." In Barry R. Chiswick and Paul W. Miller (eds.), *Handbook of the Economics of International Migration* Vol. 1A (Amsterdam: North Holland).

Findlay, Ronald, and Kevin H. O'Rourke. 2007. *Power and Plenty: Trade, War, and the World Economy in the Second Millennium* (Princeton: Princeton University Press).

Furceri, Davide, and Prakash Loungani. 2015. "Capital Account Liberalization and Inequality." International Monetary Fund Working Paper WP/15/243.

Goldin, Claudia, and Lawrence F. Katz. 2008. *The Race between Education and Technology* (Cambridge, MA: The Belknap Press of Harvard University Press).

Goldstein, Amy. 2017. *Janesville: An American Story* (New York: Simon and Schuster).

Goos, Maarten, Alan Manning, and Anna Salomons. 2009. "Job Polarization in Europe." *American Economic Review* 99: 58–63.

Grossman, Gene M. 2013. "Heterogeneous Workers and International Trade." *Review of World Economics* 149: 211–245.

Grossman, Gene M., and Elhanan Helpman. 1991a. "Quality Ladders in the Theory of Growth." *Review of Economic Studies* LIIX: 43–61.

———. 1991b. *Innovation and Growth in the Global Economy* (Cambridge, MA: The MIT Press).

———. 2018. "Growth, Trade, and Inequality." *Econometrica* 86: 37–83.

Grossman, Gene M., Elhanan Helpman, and Philipp Kircher. 2017. "Matching, Sorting, and the Distributional Effects of International Trade." *Journal of Political Economy* 125: 224–263.

Grossman, Gene M., and Giovanni Maggi. 2000. "Diversity and Trade." *American Economic Review* 90: 1255–1275.

Grossman, Gene M., and Esteban Rossi-Hansberg. 2008. "Trading Tasks: A Simple Theory of Offshoring." *American Economic Review* 98: 1978–1997.

Hakobyan, Shushanik, and John McLaren. 2016. "Looking for Local Labor Market Effects of NAFTA." *Review of Economics and Statistics* 98: 728–741.

Hanson, Gordon H. 2007. "Globalization, Labor Income, and Poverty in Mexico." In Ann Harrison (ed.), *Globalization and Poverty* (Chicago: The University of Chicago Press).

Harrigan, James, and Ariel Reshef. 2015. "Skill-Biased Heterogeneous Firms, Trade Liberalization and the Skill Premium." *Canadian Journal of Economics* 48: 1024–1066.

Heckscher, Eli F. 1919. "The Effect of Foreign Trade on the Distribution of Income." In Harry Flam and M. June Flanders (eds.), 2001, *Heckscher-Ohlin Trade Theory* (Cambridge, MA: The Massachusetts Institute of Technology Press).

Helpman, Elhanan. 1981. "International Trade in the Presence of Product Differentiation, Economies of Scale and Monopolistic Competition: A Chamberlin-Heckscher-Ohlin Approach." *Journal of International Economics* 11: 305–340.

——— (ed.). 1998. *General Purpose Technologies and Economic Growth* (Cambridge, MA: The Massachusetts Institute of Technology Press).

———. 2004. *The Mystery of Economic Growth* (Cambridge, MA: The Belknap Press of Harvard University Press).

———. 2006. "Trade, FDI, and the Organization of Firms." *Journal of Economic Literature* XLIV: 589–630.

———. 2011. *Understanding Global Trade* (Cambridge, MA: The Belknap Press of Harvard University Press).

———. 2017. "Globalisation and Wage Inequality." *Journal of the British Academy* 5:125–162.

Helpman, Elhanan, Oleg Itskhoki, and Stephen J. Redding. 2010. "Inequality and Unemployment in a Global Economy." *Econometrica* 78: 1239–1283.

Helpman, Elhanan, Oleg Itskhoki, Marc-Andreas Muendler, and Stephen J. Redding. 2017. "Trade and Inequality: From Theory to Estimation." *Review of Economic Studies* 84: 357–405.

Helpman, Elhanan, and Paul R. Krugman. 1985. *Market Structure and Foreign Trade* (Cambridge, MA: The Massachusetts Institute of Technology Press).

Hicks, John R. 1932. *The Theory of Wages* (London: Macmillan and Co., Ltd.).

Houthakker, Hendrik. 1955. "The Pareto Distribution and the Cobb-Douglas Production Function in Activity Analysis." *Review of Economic Studies* 23: 27–31.

Hsieh, Chang-Tai, and Ralph Ossa. 2016. "A Global View of Productivity Growth in China." *Journal of International Economics* 102: 209–224.

Jaumotte, Florence, Subir Lall, and Chris Papageorgiou. 2008. "Rising Income Inequality: Technology, or Trade and Financial Globalization?" International Monetary Fund Working Paper WP/08/185.

Johnson, Robert C., and Guillermo Noguera. 2017. "A Portrait of Trade in Value Added over Four Decades." *Review of Economics and Statistics* 99(5).

Jones, Ronald W. 1965. "The Structure of Simple General Equilibrium Models." *Journal of Political Economy* 73: 557–572.

———. 1971. "A Three-Factor Model in Theory, Trade and History." In Jagdish N. Bhagwati, Ronald W. Jones, Robert A. Mundell, and Jaroslav Vanek (eds.), *Trade, Balance of Payments and Growth: Papers in International Economics in Honor of Charles P. Kindleberger* (Amsterdam: North-Holland): 3–21.

Jones, Ronald W., and Jose A. Scheinkman. 1977. "The Relevance of the Two-Sector Production Model in Trade Theory." *Journal of Political Economy* 85: 909–935.

Katz, Lawrence F., and David H. Autor. 1999. "Changes in the Wage Structure and Earnings Inequality." In Orly Ashenfelter and David Card (eds.), *Handbook of Labor Economics*, Vol. 3 (Amsterdam: North-Holland).

Katz, Lawrence F., and Kevin M. Murphy. 1992. "Changes in Relative Wages, 1963–1987: Supply and Demand Factors." *Quarterly Journal of Economics* 107: 35–78.

Kletzer, Lori G. 2001. *Job Loss from Imports: Measuring the Costs* (Washington, DC: Institute for International Economics).

Kopczuk, Wojciech, Emmanuel Saez, and Jae Song. 2010. "Earnings Inequality and Mobility in the United States: Evidence from Social Security Data Since 1937." *Quarterly Journal of Economics* 125: 91–128.

Kovak, Brian K. 2013. "Regional Effects of Trade Reform: What Is the Correct Measure of Liberalization?" *American Economic Review* 103: 1960–1976.

Kremer, Michael, and Eric Maskin. 1996. "Wage Inequality and Segregation by Skill." National Bureau of Economic Research Working Paper 5718.

Krugman, Paul R. 1979. "Increasing Returns, Monopolistic Competition, and International Trade." *Journal of International Economics* 9: 469–479.

———. 1995. "Growing World Trade: Causes and Consequences." *Brookings Papers on Economic Activity* 1: 327–362.

———. 2000. "Technology, Trade and Factor Prices." *Journal of International Economics* 50: 51–72.

———. 2008. "Trade and Wages, Reconsidered." *Brookings Papers on Economic Activity* 2: 103–138.

Krusell, Per, Lee E. Ohanian, José-Victor Ríos-Rull, and Giovanni L. Violante. 2000. "Capital-Skill Complementarity and Inequality: A Macroeconomic Analysis." *Econometrica* 68: 1029–1053.

Lagakos, David, and Michael E. Waugh. 2013. "Selection, Agriculture, and Cross-Country Productivity Differences." *American Economic Review* 103: 948–980.

Lancaster, Kelvin. 1979. *Variety, Equity, and Efficiency* (New York: Columbia University Press).

Lawrence, Robert, and Matthew J. Slaughter. 1993. "International Trade and American Wages in the 1980s: Giant Sucking Sound or Small Hiccup?" *Brookings Papers on Economic Activity* 1: 161–211.

Lazear, Edward P., and James R. Spletzer. 2012. "Hiring, Churn, and Business Cycles." *American Economic Review* (Papers and Proceedings) 102: 575–579.

Leamer, Edward E. 1998. "In Search of Stolper-Samuelson Linkages between International Trade and Lower Wages." In Susan M. Collins (ed.), *Imports, Exports, and the American Worker* (Washington, DC: Brookings Institution Press).

———. 2000. "What's the Use of Factor Content?" *Journal of International Economics* 50: 17–50.

Lee, Eunhee. 2017. "Trade, Inequality, and the Endogenous Sorting of Heterogeneous Workers." Mimeo, April 22, 2017 version.

Lemieux, Thomas. 2006. "Increasing Residual Wage Inequality: Composition Effects, Noisy Data or Rising Skill Returns?" *American Economic Review* 96: 461–498.

Leontief, Wassily. 1953. "Domestic Production and Foreign Trade: The American Capital Position Re-Examined." *Proceedings of the American Philosophical Society* 97: 332–349.

McCormick, Michael. 2001. *Origins of the European Economy: Communications and Commerce, AD 300–900* (New York: Cambridge University Press).

Machin, Stephen, and John van Reenen. 1998. "Technology and Changes in Skill Structure: Evidence from Seven OECD Countries." *Quarterly Journal of Economics* 113: 1215–1244.

Maddison, Angus. 1995. *Monitoring the World Economy* (Paris: Organization for Economic Cooperation and Development).

———. 2001. *The World Economy: A Millennial Perspective* (Paris: Organization for Economic Cooperation and Development).

Maskin, Eric. 2015. "Why Haven't Global Markets Reduced Inequality in Emerging Economies?" *World Bank Economic Review* 29 (Supplement): S48–S52.

Melitz, Marc J. 2003. "The Impact of Trade on Intra-Industry Reallocations and Aggregate Industry Productivity." *Econometrica* 71: 1695–1725.

Melitz, Marc J., and Stephen J. Redding. 2014. "Heterogeneous Firms and Trade." In Gita Gopinath, Elhanan Helpman, and Kenneth Rogoff (eds.), *Handbook of International Economics* (Amsterdam: North Holland).

Melitz, Marc J., and Daniel Trefler. 2012. "Gains from Trade when Firms Matter." *Journal of Economic Perspectives* 26: 91–118.

Milanovic, Branko. 2016. *Global Inequality: A New Approach for the Age of Globalization* (Cambridge, MA: The Belknap Press of Harvard University Press).

Mincer, Jacob. 1974. *Schooling, Experience, and Earnings* (New York: Columbia University Press).

Morelli, Salvatore, Timothy Smeeding, and Jeffrey Thompson. 2015. "Post-1970 Trends in Within-Country Inequality and Poverty: Rich and Middle-Income Countries." Chapter 8 in Anthony B. Atkinson, and

Francois Bourguignon (eds.), *Handbook of Income Distribution*, Vol. 2A (Amsterdam: North–Holland).

Morrisson, Christian, and Fabrice Murtin. 2011. "Internal Income Inequality and Global Inequality." Working Paper 26, Development Policies, Fondation pour les Études et Recherchés sur le Développement International.

Mortensen, Dale T., and Christopher A. Pissarides. 1994. "Job Creation and Job Destruction in the Theory of Unemployment." *Review of Economic Studies* 61: 397–415.

Oberfield, Ezra, and Devesh Raval. 2014. "Micro Data and Macro Technology." National Bureau of Economic Research Working Paper 20452.

Ohnsorge, Franziska, and Daniel Trefler. 2007. "Sorting It Out: International Trade with Heterogeneous Workers." *Journal of Political Economy* 115: 868–892.

OECD. 2015. *In It Together: Why Less Inequality Benefits All* (Paris: OECD Publishing).

Ohlin, Bertil. 1924. "The Theory of Trade." In Harry Flam and M. June Flanders (eds.), 2001, *Heckscher-Ohlin Trade Theory* (Cambridge, MA: The Massachusetts Institute of Technology Press).

———. 1933. *Interregional and International Trade* (Cambridge, MA: Harvard University Press).

Oi, Walter Y., and T. L. Idson. 1999. "Firm Size and Wages." In Orly Ashenfelter and David Card (eds.), *Handbook of Labor Economics*, Vol. 3 (Amsterdam: Elsevier).

Pavcnik, Nina. 2017. "The Impact of Trade on Inequality in Developing Countries." National Bureau of Economic Research Working Paper 23878.

Peri, Giovanni. 2016. "Immigrants, Productivity, and Labor Markets." *Journal of Economic Perspectives* 30 (4): 3–30.

Pierce, Justin R., and Peter K. Schott. 2016. "The Surprisingly Swift Decline of US Manufacturing Employment." *American Economic Review* 106: 1632–1662.

Piketty, Thomas. 2014. *Capital in the Twenty-First Century,* trans. Arthur Goldhammer (Cambridge, MA: The Belknap Press of Harvard University Press).

Piketty, Thomas, Emmanuel Saez, and Gabriel Zucman. 2018. "Distributional National Accounts: Methods and Estimates for the United States." *Quarterly Journal of Economics* 133: 553–609.

Razin, Assaf, and Efraim Sadka. 2014. *Migration States and Welfare States: Why Is America Different from Europe?* (New York: Palgrave Macmillan).

Rodrik, Dani. 2015. *Economics Rules: The Rights and Wrongs of the Dismal Science* (New York: W. W. Norton & Company).

Romalis, John. 2007. "NAFTA's and CUSFTA's Impact on International Trade." *Review of Economics and Statistics* 89: 416–435.

Romer, Paul M. 1990. "Endogenous Technological Change." *Journal of Political Economy* 98: S71–S102.

Sachs, Jeffrey D., and Howard Shatz. 1994. "Trade and Jobs in U.S. Manufacturing." *Brookings Papers on Economic Activity* 2: 1–84.

Sampson, Thomas. 2014. "Selection into Trade and Wage Inequality." *American Economic Journal: Microeconomics* 6: 157–202.

Scheidel, Walter. 2017. *The Great Leveler: Violence and the History of Inequality from the Stone Age to the Twenty-First Century* (Princeton: Princeton University Press).

Spence, Michael E. 1976. "Product Selection, Fixed Costs, and Monopolistic Competition." *Review of Economic Studies* 43: 217–236.

Stolper, Wolfgang W., and Paul A. Samuelson. 1941. "Protection and Real Wages." *Review of Economic Studies* IX: 58–73.

Topalova, Petia. 2007. "Trade Liberalization, Poverty, and Inequality: Evidence from Indian Districts." In Ann Harrison (ed.), *Globalization and Poverty* (Chicago: The University of Chicago Press).

———. 2010. "Factor Immobility and Regional Impacts of Trade Liberalization: Evidence on Poverty from India." *American Economic Journal: Applied Economics* 2: 1–41.

Trefler, Daniel. 1995. "The Case of the Missing Trade and Other Mysteries." *American Economic Review* 85: 1029–1046.

———. 2004. "The Long and Short of the Canada-U.S. Free Trade Agreement." *American Economic Review* 94: 870–895.

Trefler, Daniel, and Susan Chun Zhu. 2010. "The Structure of Factor Content Predictions." *Journal of International Economics* 82: 195–207.

Vanek, Jaroslav. 1968. "The Factor Proportions Theory: The N-Factor Case." *Kyklos* 21: 749–754.

Van Zanden, Jan Luiten, Joerg Baten, Peter Foldvari, and Bas van Leeuwen. 2014. "The Changing Shape of Global Inequality 1820–2000: Exploring a New Dataset." *The Review of Income and Wealth* 60: 279–297.

Verhoogen, Eric. 2008. "Trade, Quality Upgrading, and Wage Inequality in the Mexican Manufacturing Sector: Theory and Evidence from an Exchange Rate Shock." *Quarterly Journal of Economics* 123: 489–530.

Wood, Adrian. 1994. *North-South Trade, Employment and Inequality: Changing Fortunes in a Skill-Driven World* (Oxford: Clarendon Press).

World Trade Organization. 2016. *World Trade Statistical Review 2016* (Geneva).

Wright, Greg C. 2014. "Revisiting the Employment Impact of Offshoring." *European Economic Review* 66: 63–83.

Xu, Bin. 2001. "Factor Bias, Sector Bias, and the Effects of Technical Progress on Relative Factor Prices." *Journal of International Economics* 54: 2–25.

Yeaple, Stephen R. 2005. "A Simple Model of Firm Heterogeneity, International Trade, and Wages." *Journal of International Economics* 65: 1–20.

Zhu, Susan Chun, and Daniel Trefler. 2005. "Trade and Inequality in Developing Countries: A General Equilibrium Analysis." *Journal of International Economics* 65: 21–48.

Globalization and Inequality

by Elhanan Helpman

Copyright © 2018 by the President and Fellows of Harvard College

Published by arrangement with Harvard University Press through Bardon-Chinese Media Agency

Simplified Chinese version © 2022 by China Renmin University Press.

All Rights Reserved.

图书在版编目（CIP）数据

不平等的真相：全球化与反全球化/（以）埃尔赫南·赫尔普曼著；李增刚，董丽娃译. -- 北京：中国人民大学出版社，2022.3
（当代世界学术名著/经济学系列）
书名原文：Globalization and Inequality
ISBN 978-7-300-30262-1

Ⅰ.①不… Ⅱ.①埃…②李…③董… Ⅲ.①经济全球化-研究 Ⅳ.①F114.41

中国版本图书馆 CIP 数据核字（2022）第 022693 号

当代世界学术名著·经济学系列
不平等的真相：全球化与反全球化
埃尔赫南·赫尔普曼（Elhanan Helpman） 著
李增刚 董丽娃 译
李增刚 校
Bupingdeng de Zhenxiang: Quanqiuhua yu Fan Quanqiuhua

出版发行	中国人民大学出版社			
社　　址	北京中关村大街 31 号	邮政编码	100080	
电　　话	010 - 62511242（总编室）	010 - 62511770（质管部）		
	010 - 82501766（邮购部）	010 - 62514148（门市部）		
	010 - 62515195（发行公司）	010 - 62515275（盗版举报）		
网　　址	http://www.crup.com.cn			
经　　销	新华书店			
印　　刷	涿州市星河印刷有限公司			
规　　格	155 mm×235 mm　16 开本	版　次	2022 年 3 月第 1 版	
印　　张	12.75 插页 3	印　次	2022 年 3 月第 1 次印刷	
字　　数	138 000	定　价	68.00 元	

版权所有　侵权必究　印装差错　负责调换